DELF scolaire

1

**DELF scolaire –
Prêts pour l'Europe – Nouvelle édition**

für den schulischen
Französischunterricht

von
Héléna Ferrari

sowie

Marion Bahl
Brigitte Laguerre
Jeanne Nissen
Frédéric Sauvage

Ernst Klett Verlag
Stuttgart • Leipzig • Dortmund

So trainierst du für die DELF-Prüfung

Dieses Heft *DELF scolaire – Prêts pour l'Europe – Nouvelle édition* bereitet dich intensiv und gründlich auf die DELF-Prüfung A1 vor.

Was ist DELF scolaire?

- DELF scolaire ist ein Sprachzertifikat für Französisch als Fremdsprache.
- Es wird vom französischen Bildungsministerium verliehen.
- Es ist **weltweit anerkannt** und **unbefristet gültig**.

Die vier Niveaus

- Die Zertifikate DELF scolaire können in vier verschiedenen Kompetenzniveaus abgelegt werden: **A1, A2, B1 und B2**.
- **Der Schwierigkeitsgrad nimmt** von A1 bis B2 **stetig zu**.
- Die vier Kompetenzniveaus können **unabhängig voneinander** abgelegt werden.

Die Vorteile von DELF

- Du lernst frühzeitig eine echte Prüfungssituation kennen.
- Du bekommst ein international anerkanntes Sprachzertifikat.
- Du kannst deine Sprachkenntnisse nachweisen.
- Du hast einen Trumpf für viele Situationen in der Hand (Studium, Praktikum, Beruf, Austausch).

Und so kannst du dich für die Prüfung anmelden:

Aufbau dieses Heftes

Entraînement

- mündliche Rezeption (Hören)…
- schriftliche Rezeption (Lesen)…
- schriftliche Produktion (Schreiben)…
- mündliche Produktion (Sprechen)

3 Prüfungssets

1. Hören

- Ich kann das Wesentliche von kurzen, klaren und einfachen Mitteilungen und Durchsagen verstehen.

2. Lesen

- Ich kann sehr kurze, einfache Texte mit Eigennamen, Wörtern sowie kurze, einfach geschriebene Anleitungen/Anweisungen, z. B. auf Schildern, Plakaten oder in Katalogen, verstehen.

3 Prüfungssets

3. Schreiben

- Ich kann auf Formularen meine persönlichen Daten eintragen wie z.B. meinen Namen, meine Staatsangehörigkeit, meine Adresse.

4. Sprechen

- Ich kann auf einfache Weise kommunizieren, einfache Fragen stellen über vertraute Themen und diese Fragen beantworten.
- Ich kann meinen Wohnort und meinen Bekanntenkreis beschreiben.

5. Evaluieren

- Die Evaluierung von **Schreiben** und **Sprechen** erfolgt durch deine Lehrerin / deinen Lehrer anhand der *Grilles d'évaluations*.
- Nach erfolgreichem Abschluss der **echten** Prüfung bekommst du ein Zertifikat vom Institut Français.

Inhaltsverzeichnis DELF scolaire A1

Entraînement: mündliche Rezeption (Hören)	4
Entraînement: schriftliche Rezeption (lesen)	8
Entraînement: schriftliche Produktion (Schreiben)	13
Entraînement: mündliche Produktion (Sprechen)	18
Nachschlagen: Deskriptoren der 4 Teilprüfungen	22
Prüfungsset 1 DELF A1 (Hören, Lesen, Schreiben, Sprechen)	23
Prüfungsset 2 DELF A1 (Hören, Lesen, Schreiben, Sprechen)	38
Prüfungsset 3 DELF A1 (Hören, Lesen, Schreiben, Sprechen)	53
Nachschlagen: Petit lexique du DELF scolaire	68
Solutions de la partie Entraînement	69

Die Medien (Audios, Videos, interaktive Übungen und Dokumente) zum Arbeitsheft sind online und offline verfügbar.

1. QR-Code scannen oder Link in einen Browser eingeben
2. Mit den persönlichen Klett-Zugangsdaten anmelden
3. Digitale Medien online nutzen oder in die ⟦⟧ **Klett Lernen App** herunterladen

Link
qr.klett.de/LC-QUG-cNo

Symbole im Heft

01 ⊏⟯⟩	Verweis auf Audio Nummer 1
02 (⊙)	Verweis auf Audio Nummer 2

Entraînement

01 🔊 **1 Compréhension de l'oral**

Darauf kommt es an!

Ziel dieser Prüfung ist es, das Hörverständnis zu überprüfen. Dazu stehen verschiedene Aufgabentypen zur Verfügung, die in der Prüfung gemischt vorkommen. Dabei wirst du ankreuzen müssen.

Du musst:

- zeigen, dass du den Gesamtzusammenhang verstanden hast **(Globalverständnis)**. Dazu bekommst du eine Entscheidungsfrage, auf die du mit „Oui" oder „Non" durch Ankreuzen antwortest, oder du erhältst eine Aussage, die du mit „Vrai" oder „Faux" beurteilst.
- herausfinden, welche der angegebenen Informationen richtig sind, oder gezielte Informationen aus dem Hördokument herausfinden durch Ankreuzen zwischen 3 Möglichkeiten **A**, **B** oder **C** als Multiple Choice, durch Ankreuzen der richtigen dargestellten Situation (Image A, B, C,…) oder durch Ankreuzen des richtigen dargestellten Gegenstandes (Oui / Non) **(Detailverständnis)**.

Wichtig zu wissen ist,

- dass die Reihenfolge im Hördokument nicht immer der Reihenfolge im Fragenkatalog entspricht.
- dass sehr häufig Zahlen, Wochentage, Uhrzeiten oder Preise abgefragt werden.

02 🔊 ### Und so läuft die Prüfung!

- Du hörst insgesamt fünf kurze Hördokumente, die zusammen höchstens 3 Minuten dauern.
- Vor jedem Hördokument hast du 30 Sekunden Zeit, um die Fragen vor dem ersten Hören durchzulesen.
- Dann hörst du die Aufnahme zum ersten Mal, danach hast du 30 Sekunden Zeit für die Antworten, die du auf Anhieb geben kannst.
- Dann hörst du die Aufnahme zum zweiten Mal und du beantwortest die restlichen Fragen, korrigierst und ergänzt deine Antworten.
- Nach diesem Muster hörst du danach das zweite, das dritte, das vierte und das fünfte Hördokument.
- Die Hördokumente können sein: kurze Nachrichten auf einem Anrufbeantworter, kurze Ansagen an öffentlichen Orten (wie z. B. Flughafen,, Bahnhof, Kaufhaus …), kurze Interviews, Dialoge, die Fotos zuzuordnen sind.

Dieser Prüfungsteil dauert ca. **20 Minuten**.

Du kannst maximal **25 Punkte** von **100 Punkten** erreichen, wenn du alle richtigen Informationen aus den Hördokumenten herausgefiltert hast.
Du musst **mindestens 5 Punkte** bekommen, damit du die Gesamtprüfung bestehen kannst.

Und jetzt geht's los mit unserem DELF-Training!

■ **Exercice 1 : Compréhension détaillée (Detailverständnis)**   (→ Solutions p. 69)

03 🔊 **Document 1**

Écoutez le document. Cochez les 10 numéros qui ont gagné au loto.

3	7	9	12	15	17	21	25	34	43
49	54	87	65	72	75	80	94	105	115

04 🔊 **Document 2**

Écoutez le document et trouvez la bonne voie.

Annonce 1. Le train pour Paris de 06h54 départ de la voie _____

Annonce 2. Le train pour Strasbourg de 11h50 départ de la voie _____

Annonce 3. Le train pour Tours de 12h40 départ de la voie _____

05 🔊 **Document 3**

a Écoutez le document et cochez à quelle heure part le train pour Disneyland.

06h05	06h50	14h05	14h45	14h54

b Écoutez le document et cochez à quelle heure part le train pour Paris.

06h23	06h32	10h23	16h57	17h57

06 🔊 **Document 4**

Écoutez le document et écrivez le nombre que vous avez entendu dans la bonne case.

	[crois]	[trois] 3	[froid]
1.	[sainte]	[faim]	[cinq]
2.	[neuf]	[bœuf]	[meuf]
3.	[douze]	[douce]	[bouse]
4.	[vent]	[vingt]	[faim]
5.	[quatre]	[battre]	[sacre]

E Entraînement

07 **Document 5**

Votre ami/e français/e a laissé les numéros de téléphone de 4 copains et copines sur votre boîte vocale. Complétez les numéros de téléphone suivants.

1. Le numéro de portable d'Arthur est le :   00 ___ 6 65 12 ___ ___
2. Le numéro de portable de Joséphine est le :   00 33 6 92 03 ___ 61
3. Le numéro de portable de Benoît est le :   00 ___ ___ ___ 75 ___ 14
4. Le numéro de portable de Vincent est le :   00 33 ___ ___ ___ ___ ___

08 **Document 6**

Écoutez le document et cochez ce que vous entendez.

1. Oh, un coussin ! ☐   Oh, mon cousin ! ☐
2. À cinquante ans ! ☐   À Saint-Quentin ! ☐
3. Regarde, une pousse ! ☐   Regarde une puce ! ☐
4. Il va marcher. ☐   Il va manger. ☐
5. C'est mon ongle ! ☐   C'est mon oncle ! ☐
6. Il prend un pain. ☐   Il prend un bain. ☐
7. C'est du poison ! ☐   C'est du poisson ! ☐
8. C'est lent ! ☐   C'est long ! ☐
9. N'oublie pas le cadeau ! ☐   N'oublie pas le gâteau. ☐
10. Le thon, c'est bon ! ☐   Le temps est beau ! ☐

09 **Document 7**

Écoutez les phrases et dites si le garçon est heureux ou pas.
Cochez la bonne réponse.

	☹	☺
1. Oh, oui !	☐	☐
2. Bof !	☐	☐
3. Super !	☐	☐
4. Encore !	☐	☐
5. Non, pas possible !	☐	☐
6. Chouette !	☐	☐
7. Oui, si tu veux !	☐	☐
8. J'adore !	☐	☐
9. Formidable !	☐	☐
10. Ah non, alors!	☐	☐

■ **Exercice 2 : Compréhension détaillée (Detailverständnis)** (→ Solutions p. 69)

Vous allez entendre 3 enregistrements correspondant à 3 documents différents.
Pour chaque document, vous aurez 30 secondes pour lire les questions; puis 30 secondes
de pause, pour compléter vos réponses.
Répondez aux questions en cochant ☒ la / les bonne/s réponse/s ou en écrivant
l'information demandée.

Document 1

Écoutez le message et complétez le texte.

« Vous avez un nouveau message! Appel du 02 ____ 88 ____ 32

Votre correspondant a essayé de vous joindre. Pour réécouter votre message, appuyez sur la touche ____

de votre appareil. Pour l'effacer, faites le ____ . »

Document 2

Écoutez le message. Écrivez les numéros qui manquent et cochez les bonnes réponses.

1. « Vous avez un nouveau message ! Appel du 01 64 ____ 17 ____ »

2. Votre correspondant a laissé un message :

   ☐ vrai   ☐ faux

3. Qui a téléphoné ?

   ☐ papa   ☐ maman   ☐ Charlotte

4. Comment est-ce qu'ils rentrent ?

   ☐ en voiture   ☐ en train   ☐ en avion

5. À quelle heure est-ce qu'ils arrivent ?   À _____ heures.

Document 3

Écoutez les messages. Écrivez les numéros des messages sous les bonnes photos.

1. Message N° ____

2. Message N° ____

3. Message N° ____

4. Message N° ____

5. Message N° ____

6. Message N° ____

2 Compréhension des écrits

Darauf kommt es an!

Diese Prüfung umfasst vier kurze Texte aus deinem alltäglichen Lebensbereich.
Zu jedem Text erhältst du einen Fragenkatalog.
Ziel dieser Prüfung ist es, das **globale** und das **detaillierte** Leseverständnis zu überprüfen.

Du musst

- ein Dokument einer Situation zuordnen,
- Hauptaussagen erkennen (Wer? Was? Wo?),
- Detailaussagen herausfiltern.

Bei den Textdokumenten handelt es sich z. B. um Kurzmeldungen, E-Mails, Anzeigen, Plakate, Programme etc.

Bei der Prüfung stehen dir **kein Wörterbuch und keine elektronischen Hilfsmittel wie z. B. Handy** zur Verfügung. Du erhältst keine Übersetzung ins Deutsche. Daher ist es wichtig, den Umgang mit unbekannten Texten zu lernen, Lesestrategien zu entwickeln und über Techniken zur Wort- und Bedeutungserschließung zu verfügen.

Und so läuft die Prüfung!

- Für diese Prüfung sind 30 Minuten veranschlagt. Habe diese Zeitspanne gut im Blick, damit du nicht in Zeitdruck gerätst.
- Arbeite zügig und lass dir für die späteren Übungen genügend Zeit. Teile dir deine Zeit z. B. folgendermaßen ein:
  1. Übung 6 Minuten, 2. Übung 8 Minuten, 3. Übung 8 Minuten, 4. Übung 8 Minuten.
- Wenn du eine Aufgabe auf Anhieb nicht lösen kannst, dann überspringe sie zunächst
  Achtung: Diese Übung markieren, damit du sie am Ende nicht vergisst. Sieh sie dir später noch einmal an.

Dieser Prüfungsteil dauert ca. **30 Minuten**.

Du kannst maximal **25** von **100 Punkten** erreichen.
Du musst mindestens **5 Punkte** bekommen, damit du die Gesamtprüfung bestehst.

Und jetzt geht's los mit unserem DELF-Training!

■ Exercice 1
(→ Solutions p. 69)

Document 1

À qui ces messages s'adressent-ils ? Dans quelles situations ? *(Plusieurs réponses sont possibles !)*

1. Chère Madame, …
2. Cher Monsieur, …
3. Bonjour, Monsieur !
4. Salut, Christophe !

☐ Sylvie Bertaud
☐ Christiane Gato
☐ à votre professeur
☐ = Bonjour !

☐ Arthur Blot
☐ Henri Moulin
☐ à un ami
☐ Au revoir !

Document 2

Regardez les photos et cochez les bonnes réponses.

Situation 1 : Tu veux acheter un journal.

Situation 2 : Tu veux de l'argent.

Document 3

Reliez les parties de phrases qui vont ensemble. (Attention à la ponctuation !)

1. Chère Madame,
2. Paris. Le Président
3. Ma chérie,
4. Le magasin
5. À vendre vélo 18 vitesses,
6. Lundi 12 avril, Institut

je rentre tard, ce soir. Tu peux manger sans moi. Maman.
état presque neuf. 250,– euros Tel.: 06 76 64 90 00
est ouvert demain lundi de 10 heures à 12 heures !
a parlé hier à la télévision.
français: épreuve de Delf A1.
Merci pour votre lettre du 11/02/2024.

Document 4

Reliez les parties de phrases qui vont ensemble. (Attention à la ponctuation !)

1. Pour demain,
2. Dans mon collège,
3. Mes parents
4. Cet été,
5. Tu n'as pas envie

de te faire de l'argent de poche ?
on va en vacances à la mer.
on a beaucoup de devoirs.
il y a une salle de sport superbe !
font du vélo tous les dimanches.

E Entraînement

Exercice 2
(→ Solutions p. 69)

Document 1

Les élèves de 4ème du collège Anne Frank vont acheter des cadeaux à leurs correspondants du Sénégal. Ils lisent les petites annonces. Faites le choix avec eux.

1 Vends 10 jeux vidéo. Bon état. Peu servi. Prix intéressant. Contactez le journal : jde@video.org

2 Vends CD + DVD Opéra, concert de piano: 20 € le CD + 20 m le DVD contactez : Opera-fatal@web.fr

3 Vends 10 ballons de foot, + chaussures de sport + t-shirts, pour équipe. Le tout neuf : 300 €. velott@velo.org

4 Vends CD de rap, de hip hop et de Reggae : 5 € le CD ! Contactez : musique-noire@web.fr

5 Vends 50 paquets de 10 cahiers à colorier : 2 € le paquet ! Contactez : colorenous@web.fr

6 Vends ours en peluche de toutes les couleurs : 1 € pièce Téléphonez vite ! 04 97 10 66 99

1. Ils veulent acheter du matériel de sport pour les grands. → Annonce ____
2. Ils veulent acheter des jouets pour les petits, mais pas de jeux vidéo. → Annonce ____
3. Ils savent que les petits du Sénégal aiment dessiner et écouter des CD. → Annonces ____ + ____
4. Ils savent que les enfants n'aiment pas la musique classique. → Annonce ____

Document 2

Lisez le texte et cochez les bonnes réponses.

De:	nathcool@wanadoo.fr
À:	Fredo@wanadoo.fr; Willy@orange.fr; Malefi@wanadoo.fr
Objet:	Invitation

Salut les copines et les copains !

Le 11 octobre c'est mon anniversaire. J'ai 14 ans. Alors le 14, j'organise une petite fête à 20 h 30. Mes parents ont dit OUI. On va manger ensemble, danser un peu, faire des jeux…
Vous venez ? Répondez-moi vite !
À samedi ! Bisou.

Nathalie

1. De quel texte s'agit-il ?
   ☐ un e-mail   ☐ un roman   ☐ un article de journal
2. Pourquoi Nathalie écrit-elle ?
   ☐ C'est Noël.   ☐ C'est son anniversaire.   ☐ Elle est en vacances.
3. La fête, c'est:
   ☐ le 1er octobre   ☐ le 14 octobre   ☐ le 11 octobre
4. Pour la fête ils vont
   ☐ aller au cinéma ensemble.   ☐ regarder la télé.   ☐ manger et danser.
5. Les parents sont d'accord ?   ☐ Oui   ☐ Non

Document 3

Vous lisez ce message de votre professeur d'anglais. Répondez aux questions.

> **Voyage scolaire – 5 jours à Londres**
>
> Départ à 7h45 de l'aéroport d'Orly le mercredi 5 juin. Rendez-vous à 6h15 à l'aéroport. Ne soyez pas en retard ! Retour le dimanche 9 juin à 18h30. Les élèves des classes A et B vont dormir à l'hôtel Notting Hill. Les élèves de la classe C vont à la Résidence Piccadilly. Durant la journée : visite des musées et des principaux monuments. Jeudi 6 juin : Dîner croisière sur la Tamise. Vendredi soir : spectacle de théâtre au Comedy Store. Prenez votre appareil photo pour votre exposé sur Londres. N'oubliez pas de faire signer aux parents l'autorisation de sortie scolaire. Les élèves qui ne viennent pas restent à l'école.

1. Les élèves partent à Londres…

    A ☐ Le 5 juin.
    B ☐ Le 6 juin.
    C ☐ Le 9 juin.

2. Qui dort dans une résidence ?

    A ☐ Les élèves de la classe A.
    B ☐ Les élèves de la classe B.
    C ☐ Les élèves de la classe C.

3. Quel jour allez-vous voir un spectacle ?

    A ☐ Mercredi.
    B ☐ Jeudi.
    C ☐ Vendredi.

4. Qu'est-ce que vous devez apporter ?

A ☐   B ☐   C ☐

5. Où vont les élèves qui ne partent pas ?

A ☐   B ☐   C ☐

E Entraînement

Document 4

Vous cherchez un petit travail en France pour cet été. Vous lisez ces annonces.
Répondez aux questions.

Annonce 1
Vous aimez les livres ? Venez aider la bibliothécaire à la bibliothèque municipale. Réunion d'information tous les vendredis du mois.

Annonce 2
Je cherche une personne pour donner à manger à mon chat, du lundi 4 juillet au vendredi 8 juillet. 06 49 72 53 69.

Annonce 3
Bonjour, je cherche quelqu'un pour faire mes courses deux fois par semaine. 30 € par semaine. 03 70 52 45 65.

Annonce 4
Nous partons en vacances en août. 40 € pour arroser nos fleurs deux fois par semaine. claire.ligier@aol.fr

Annonce 5
La boulangerie Richon cherche deux jeunes pour l'été. Tous les jours de 8 h à 16 h. 06 14 47 79 10

Annonce 6
Recherche une personne pour garder deux enfants de 6 et 8 ans. Tous les mercredis du mois d'août à partir de midi. 20 € / heure.

1. Quel mois faut-il arroser les fleurs ?

    A ☐ Juin.

    B ☐ Juillet.

    C ☐ Août.

2. Le travail à la boulangerie finit à…

    A ☐ 8 h.

    B ☐ 12 h.

    C ☐ 16 h.

3. Quel numéro devez-vous appeler pour l'aide aux courses ?

    A ☐ 06 49 72 53 69.

    B ☐ 03 70 52 45 65.

    C ☐ 06 14 47 79 10.

4. Il y a une réunion d'information à la bibliothèque…

    A ☐ une fois par semaine.

    B ☐ une fois par mois.

    C ☐ une fois par an.

5. Qu'est-ce que vous pouvez faire en juillet ?

    A ☐ Garder des enfants.

    B ☐ Donner à manger à un animal.

    C ☐ Arroser des fleurs.

6. Quel jour pouvez-vous vous occuper d'enfants ?

    A ☐ Le lundi.   **B** ☐ Le mercredi.   **C** ☐ Le vendredi.

3 Production écrite

Darauf kommt es an!

Ziel dieser Prüfung ist es, die schriftliche Ausdrucksfähigkeit in einer konkreten Situation zu überprüfen. Dabei geht es nicht nur um die rein sprachliche Fähigkeit (d. h. Wortschatz und Grammatik), sondern auch um passende Inhalte zur vorgegebenen Situation (wie z. B. sich vorstellen, sich bedanken, nach einer Person, einer Sache oder einem Ort fragen) und um die formale Gestaltung des Textes (z. B. korrekte äußere Form einer Nachricht, Postkarte).
Du musst beim Schreiben **die verlangte Wortzahl** berücksichtigen und die Wörter deines Textes zählen! Denn wenn du die vorgegebene Anzahl um mehr als 10 % **unterschreitest**, werden dir Punkte abgezogen. Und wenn du weniger als die Hälfte der vorgegebenen Anzahl gebraucht hast, erhältst du 0 Punkte.
Beim schriftlichen Ausdruck musst du zusätzlich zur inhaltlichen Beantwortung:

- die Informationen ordnen,
- Wiederholungen vermeiden,
- die formalen Kriterien für die Gestaltung des zu schreibenden Textes beherrschen (Anrede, Klein-, Großschreibung).

Und so läuft die Prüfung!

- Du bekommst zwei kurze Textvorlagen: ein Formular, das du ausfüllen musst; eine Karte oder eine E-Mail, auf die du antworten musst.
- Mit dem Formular möchtest du dich z. B. bei einem Verein, einer Bücherei, in einem Hotel anmelden.
- Mit der Postkarte reagierst du auf eine Einladung, eine Mitteilung oder du schreibst hier etwas über einen Ferienaufenthalt.
- Es ist außerordentlich wichtig, eine saubere und leserliche Reinschrift abzugeben, weil die Form mitbewertet wird. Deshalb solltest du lieber vorschreiben, wenn die zur Verfügung stehende Zeit es zulässt.

Die Prüfung dauert ca. **30 Minuten**. Teile dir die Zeit für beide Texte gut ein.

Du kannst maximal **25** von **100** Punkten erreichen.
Du musst mindestens **5 Punkte** bekommen, damit du die Gesamtprüfung bestehst.

treize 13

E   Entraînement

Und jetzt geht's los mit unserem DELF-Training!

■ Exercice 1   (→ Solutions p. 70)

Document 1

Reliez les rubriques avec les bonnes traductions.

le nom	die Adresse
le **pré**nom	die E-Mail-Adresse
l'adresse	die Aufenthaltsdauer
le code **post**al	das Land
la ville	die **Mutter**sprache
le pays	die Unterschrift
la **nation**alité	der Name
le **numéro** de portable	die Schule
l'adresse e-mail	die **Staat**sangehörigkeit
la **durée** du séjour	das **Dat**um
l'établissement scolaire	die Stadt
la langue **maternelle**	die **Post**leitzahl
la **dat**e	die Handy**nummer**
la signature	der **Vor**name

■ Exercice 2   (→ Solutions p. 70)

Reliez chaque document à la consigne correspondante.

1. Vous êtes en vacances. Vous envoyez une carte postale à un camarade de classe. Vous lui racontez avec qui vous êtes et les activités que vous faites.
2. Votre correspondant français va venir vous rendre visite la semaine prochaine. Il vous pose des questions sur votre école. Vous lui envoyez un mail et vous lui parlez des horaires de votre école, des professeurs et de vos camarades de classe.
3. Vous allez organiser une fête pour votre anniversaire. Vous écrivez à votre correspondant suisse, vous l'invitez et vous lui donnez des détails sur la fête.
4. Vous écrivez un message à votre cousine. Vous lui dites ce que vous faites ce week-end. Vous l'invitez à dîner samedi soir et vous lui indiquez le menu.

DOCUMENT A

> Coucou Damien,
>
> C'est bientôt mon anniversaire et j'organise une fête. Je veux t'inviter ! Mes amis de l'école vont venir aussi. Nous allons jouer aux jeux vidéo, manger de la pizza et écouter de la musique ! On va bien s'amuser ! Je pense faire la fête pendant les vacances d'hiver, le 20 décembre. Tu es libre ?
>
> À bientôt.
>
> Éric

DOCUMENT B

De: Edouard@wanadoo.fr
A:
Objet: Mon collège

Cher Edouard,
J'étudie au collège André Malraux. Je vais à l'école tous les jours, sauf le mercredi et le week-end. Les cours commencent à 9h et se terminent vers 16h. J'ai deux amis dans ma classe, Jérôme et Ethan. Ils sont très gentils. Les professeurs nous donnent beaucoup de devoirs. Mais heureusement, nous sommes en vacances dans deux semaines !

À samedi !
Paolo

DOCUMENT C

Le 5 juillet

Salut Pauline !

Je suis en vacances à Biarritz avec mon cousin et mon oncle. L'école ne me manque pas ! Nous allons à la mer tous les matins. J'adore jouer dans l'eau ! L'après-midi, nous faisons des promenades au bord de l'eau. Je ramasse beaucoup de coquillages.
Nous restons ici jusqu'à samedi.

Bisous.
Lise

Pauline Lemand
6, rue de l'Étoile
73000 Chambéry

DOCUMENT D

Salut Charlotte,

Ce week-end, je vais skier à la montagne. Je pars samedi à 8h et je reviens dimanche vers 19h. Est-ce que tu veux venir dîner dans notre chalet samedi soir ? Je vais faire des crêpes salées et ma mère va préparer une tarte aux pommes. Tu peux venir vers 19h.
Je t'attends !

Bises.

Entraînement

■ Exercice 3 (→ Solutions p. 70)

Complétez les mots qui manquent dans le texte de la carte postale.
Attention à l'écriture.

Paris, _____ 15 mai 2014

_____ Cousine,

Je suis en _____ à Pa_____, dans la famille de mon corres_____ français.

Il s'a_____ Mehdi et il est très sympa. Tous les jours, je vais l'école avec ____, ____ lycée Honoré de Balzac.

J'ai déjà rencontré sa _____ d'allemand, _____ Mangin ! Dimanche nous allons visiter Radio France.

A_____ !

Florian

■ Exercice 4 (→ Solutions p. 70)

Faites un filet à mots à partir du mots-clé.

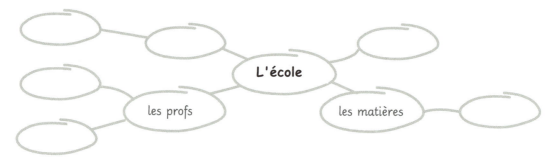

E

■ Exercice 5 (→ Solutions p. 70)

Regardez les cartes postales et écrivez pour chaque carte un petit texte (3 phrases) à votre correspondant(e) français(e).

1. _____
_____
2. _____
_____
3. _____
_____
4. _____
_____
5. _____
_____
6. _____
_____

4 Production orale

Darauf kommt es an!

In dieser Prüfung sind deine mündliche Ausdrucksfähigkeit sowie Kenntnisse und Fertigkeiten im Bereich der interkulturellen Umgangsformen und der Interaktion gefragt, denn du wirst ein Gespräch mit einem Muttersprachler führen. Es ist wichtig, die eigenen Worte durch Gestik und Mimik angemessen zu unterstreichen, den Prüfer zu begrüßen und ihn anzuschauen.
Achte für dieses Gespräch auch auf deine äußere Erscheinung. Ein gepflegtes Aussehen wird sicher nicht zu deinem Nachteil sein.

Hier geht es darum:

- die geforderten Informationen anzugeben,
- in einem Rollenspiel einfache Fragen anhand vorgegebener Wörter zu stellen,
- ggf. nachzufragen, wobei der Prüfer dann bereit sein muss, seine Gesprächsanteile (langsamer) zu wiederholen und dir evtl. zu helfen.

Und so läuft die Prüfung!

Die mündliche Prüfung besteht aus drei Teilen:

1. **Entretien dirigé:** Du stellst dich vor und erzählst von deinem unmittelbaren Umfeld. Der Prüfer stellt dazu passende Fragen, die du kurz beantwortest. Dieser erste Teil dauert ca. 1–2 Minuten.

2. **Échange d'informations:** Dieser Teil dauert ca. 2 Minuten. Hier stellst du dem Prüfer Fragen zu Stichwörtern, die du bekommen hast.

   Beispiele: les parents
   le supermarché
   les vacances

3. **Dialogue simulé:** Dieser Teil dauert 2 Minuten. Hier sollst du mit dem Prüfer ein Rollenspiel spielen und dabei in einer dir vertrauten Situation agieren, also auch auf den Gesprächspartner eingehen und z.B. ein Problem lösen.

   Beispiele: ein Buch kaufen
   eine Einladung annehmen / ablehnen
   sich auf einen gemeinsamen Kinobesuch einigen

Dieser Prüfungsteil dauert ca. 5 bis 7 Minuten + 10 Minuten Vorbereitungszeit für den 2. und 3. Prüfungsteil.

Du kannst maximal **25** von **100 Punkten** erreichen. Du musst mindestens **5 Punkte** bekommen, damit du die Gesamtprüfung bestehst.

Tipps für die mündliche Prüfung!

- Der Prüfer wird mit „Bonjour, Madame / Monsieur" begrüßt, auf keinen Fall mit „Salut", das wäre ziemlich unhöflich. Er wird auf jeden Fall gesiezt, es sei denn, er muss im Rollenspiel eine Person darstellen, die du mit „du" anredest.

- Sieh den Prüfer an.

- Arbeite deine Aufgaben in Ruhe ab. Der Prüfer sagt dir schon, wenn die Zeit vorbei ist.

- Wenn du ein Wort nicht weißt, frage **nie** nach der Übersetzung eines deutschen Wortes. Versuche, den Gedanken anders zu formulieren. (Umschreibung)

- Wenn der Prüfer zu schnell oder undeutlich spricht, dann melde es ihm zurück (auf Französisch!). *Pouvez-vous parler moins vite, s'il vous plaît ? Je n'ai pas bien compris.*

- Wenn du den Prüfer nicht verstanden hast, bitte ihn auf Französisch darum, den Satz zu wiederholen. *Pouvez-vous répéter, s'il vous plaît ? Je n'ai pas compris ce mot, cette phrase.*

- Reagiere gelassen, wenn der Prüfer dir signalisiert, dass er dich nicht verstanden hat.

- Notiere dir nur Stichpunkte, lies keinen vorformulierten Text ab. (Stichwortzettel anlegen)

- Frage den Prüfer nach der Prüfung nicht nach dem Ergebnis. Er darf dir keine Antwort geben.

E Entraînement

■ Exercice 1 (→ Solutions p. 70)

À l'aide des éléments A et B, fabriquez un dialogue cohérent.

A		B
1. Tu t'appelles comment ?	1	a) Je reste 2 semaines.
2. Tu as quel âge ?	2	b) À demain ! Tschüss !
3. Tu viens d'où ?	3	c) Oui, j'ai une sœur.
4. Tu restes combien de temps ?	4	d) Moi, aussi quelquefois.
5. Tu as des frères et sœurs ?	5	e) Oui, du judo, et toi ?
6. Elle a quel âge ?	6	f) Pourquoi pas !
7. Tu fais du sport ?	7	g) J'ai 14 ans.
8. Moi, je joue au foot.	8	h) Elle a 10 ans.
9. Demain, on joue avec des copains. Tu viens ?	9	i) J'habite Berlin.
10. Bon, alors à demain 5 h.	10	k) Je m'appelle Sven.

■ Exercice 2 (→ Solutions p. 70)

Lisez les phrases ci-dessous. Complétez les questions.

Questions	Réponses
_____ as cours le samedi ?	De 8 h à 12 h
_____ tu fais l'après-midi ?	Je vais à la piscine.
_____	Avec les copains.
Tu y vas _____ ?	À vélo.
_____ elle est, la piscine ?	Sur la place du marché.
_____ fais-tu tes devoirs ?	Le dimanche soir.
_____ le dimanche soir ?	Parce que c'est nul à la télé !

E

Exercice 3 (→ Solutions p. 70)

1. Arbeitet zu zweit. Entscheidet zuerst, wer welche Rolle übernimmt.
2. Faltet den Bogen entlang der gestrichelten Mittellinie.
3. Führt einen Dialog und kontrolliert euch gegenseitig mithilfe der Lösungen in eckigen Klammern.
4. Wechselt die Rollen nach einem Durchgang.

A	B
Du begrüßt deinen Freund / deine Freundin und verabredest dich mit ihm / ihr für morgen um 16 Uhr bei dir zu Hause.	[Salut ! Rendez-vous demain chez moi à 16h !]
[pourquoi ?]	Du fragst, warum.
Du sagst, dass du Geburtstag hast.	[C'est mon anniversaire.]
[D'accord !]	Du sagst, dass du einverstanden bist.
Du sagst, dass deine Freunde Romain, Arthur und Léo auch kommen.	[Mes copains Romain, Arthur et Léo viennent aussi / sont là aussi.]
[Ma copine allemande Anna peut venir aussi ?]	Du fragst, ob deine deutsche Freundin Anna auch kommen kann.
Du sagst, dass du einverstanden bist.	[Je suis d'accord.]
[Qu'est-ce que tu veux comme cadeau d'anniversaire.]	Du fragst, was er / sie als Geburtstagsgeschenk möchte.
Du sagst, dass du eine DVD mit Audrey Tautou möchtest.	[Je voudrais un DVD avec Audrey Tautou.]
[Qu'est-ce qu'il y a à manger ?]	Du fragst, was es zu essen gibt.
Du sagst, dass es eine große Pizza und Cola gibt.	[Il y a une grande pizza et du coca.]
[Je peux apporter des CD de musique ?]	Du fragst, ob du Musik-CDs mitbringen kannst.
Du antwortest, dass du Gitarre spielen wirst und dass dein Vater eine Überraschung vorbereitet hat.	[Je vais jouer de la guitare et mon père a préparé une surprise.]
[C'est super !]	Du sagst, dass das super ist.

vingt-et-un

Nom	Prénom
Code candidat	–

Diplôme d'études en langue française DELF A1

Niveau A1 du Cadre européen commun de référence pour les langues

Nature des épreuves	Durée	Note sur
1. Compréhension de l'oral Réponse à des questionnaires de compréhension portant sur plusieurs très courts documents enregistrés ayant trait à des situations de la vie quotidienne (deux écoutes). *Durée maximale des documents : 3 minutes*	20 min environ	/ 25
2. Compréhension des écrits Réponse à des questionnaires de compréhension portant sur plusieurs documents écrits ayant trait à des situations de la vie quotidienne.	30 min	/ 25
3. Production écrite Épreuve en deux parties : • compléter une fiche, un formulaire • rédiger des phrases simples (cartes postales, messages, légendes, etc.) sur des sujets de la vie quotidienne	30 min	/ 25
4. Production orale Épreuve en trois parties : • entretien dirigé • échange d'informations • dialogue simulé	5 à 7 min *Préparation : 10 min*	/ 25

- Seuil de réussite pour obtenir le diplôme : 50 / 100
- Note minimale requise par épreuve : 5 / 25
- Durée totale des épreuves collectives : 1 h 20

Note totale : / 100

1

Nom   Prénom

Code candidat   –

1 Compréhension de l'oral

points
25,0

Consignes de travail

Vous allez écouter plusieurs documents. Il y a 2 écoutes. Dans les exercices 1, 2, 3 et 5, pour répondre aux questions, cochez ☒ la bonne réponse.

■ **Exercice 1**

points
4,0

Lisez les questions. Écoutez le document puis répondez.
Vous êtes en France, vous entendez ce message sur votre répondeur.

1. Louis vous invite…   1,0

   A ☐ au théâtre.   **B** ☐ au cinéma.   **C** ☐ au musée.

2. Où avez-vous rendez-vous ?   1,0

   A ☐ Chez Chloé.   **B** ☐ Sur une place.   **C** ☐ Au café.

3. L'entrée coûte…   1,0

   A ☐ 12 euros.   **B** ☐ 13 euros.   **C** ☐ 14 euros.

4. Vous allez prendre…   1,0

   A ☐ une glace.   **B** ☐ un coca.   **C** ☐ une limonade.

■ **Exercice 2**

points
4,0

Lisez les questions. Écoutez le document puis répondez.
Vous êtes dans une gare en France et vous entendez cette annonce.

1. Le prochain train va à…   1,0

   A ☐ Lyon.   **B** ☐ Marseille.   **C** ☐ Grenoble.

2. Le train a un retard de…   1,0

   A ☐ 10 minutes.   **B** ☐ 20 minutes.   **C** ☐ 30 minutes.

3. Où arrive le train ?   1,0

   ☐   ☐   ☐

4. Les voyageurs doivent aller…   1,0

   ☐   ☐   ☐

vingt-trois **23**

1 DELF scolaire – Compréhension de l'oral

■ Exercice 3

points
4,0

Lisez les questions. Écoutez le document puis répondez.
Vous êtes en France. Vous entendez ce message sur votre répondeur.

1. Marie propose de… 1,0

    A ☐ manger chez elle.

    B ☐ dîner chez son cousin.

    C ☐ cuisiner avec sa mère.

2. À quelle heure est le rendez-vous ? 1,0

    A ☐ 12 h.

    B ☐ 13 h.

    C ☐ 14 h.

3. Qu'est-ce que vous devez apporter ? 1,0

    A ☐ Un sac.

    B ☐ Un gâteau.

    C ☐ Des chaussures.

4. Vous devez appeler Marie… 1,0

    A ☐ ce matin.

    B ☐ cet après-midi.

    C ☐ ce soir.

■ Exercice 4

points
8,0

Vous allez entendre quatre petits dialogues correspondant à quatre situations différentes. Il y a 15 secondes de pause après chaque dialogue. Notez, sous chaque image, le numéro du dialogue qui correspond. Puis vous allez entendre à nouveau les dialogues. Vous pouvez compléter vos réponses. Regardez les images. Attention, il y a six images (A, B, C, D, E et F) mais seulement quatre dialogues.

Image A

Situation n° …

Image B

Situation n° …

Image C

Situation n° …

Image D

Situation n° …

Image E

Situation n° …

Image F

Situation n° …

1

■ Exercice 5

points
5,0

Vous allez entendre un message. Quels objets sont donnés dans le message ? Vous entendez le nom de l'objet ? Cochez oui ⊠. Sinon, cochez non ⊠. Puis vous allez entendre à nouveau le message. Vous pouvez compléter vos réponses.

1

☐ Oui ☐ Non

2

☐ Oui ☐ Non

3

☐ Oui ☐ Non

4

☐ Oui ☐ Non

5

☐ Oui ☐ Non

1 DELF scolaire – Compréhension des écrits

Nom	Prénom
Code candidat	–

2 Compréhension des écrits

points 25,0

■ Exercice 1

points 6,0

Vous lisez ce message de votre mère. Répondez aux questions.

> Coucou !
>
> Après le travail, je vais faire des courses au supermarché Auchan au centre-ville. Tu peux me rejoindre là-bas vers 19 heures. Prends le bus vers 18h ou demande au voisin de t'accompagner en voiture. Ton père nous retrouve à 20h à l'entrée du supermarché. On va manger tous ensemble au restaurant « Flunch » à 20h30, en face du cinéma.
>
> Bisous
> Maman
>
> PS : N'oublie pas de donner à manger au chat !
>
> 09:15

1. Ce soir, votre mère…   1,0

   A ☐ travaille.

   B ☐ va au cinéma.

   C ☐ fait des achats.

2. Où devez-vous aller ?   1,5

   A ☐   B ☐   C ☐

3. À quelle heure devez-vous sortir de la maison ?   1,0

   A ☐ 18h.

   B ☐ 19h.

   C ☐ 20h.

4. Votre père vous attend…   1,0

   A ☐ chez le voisin.

   B ☐ dans le restaurant.

   C ☐ devant le supermarché.

5. Que devez-vous faire avant de sortir ?   1,5

   A ☐   B ☐   C ☐

Exercice 2

points
6,0

Vous êtes en France et vous venez de recevoir ce message d'un ami. Lisez le document puis répondez aux questions.

De :   Julesp@gmail.com

Objet : Invitation

Salut !

Demain soir, viens regarder la finale de foot chez moi ! Tu peux venir à 19h. Prends le bus n°15 devant l'école et descends à l'arrêt du cinéma. Continue tout droit et prends la rue à droite après le restaurant. Marche le long du parc et tourne dans la première rue à gauche. Puis, prends la première rue à droite, après le bar. Ma maison se trouve à côté de la banque, au numéro 14.

Jules

---

1. Votre ami Jules vous invite à …   1,0

    A ☐ faire du sport.

    B ☐ aller au cinéma.

    C ☐ regarder un match.

2. Quel bus devez-vous prendre ?   1,0

    A ☐ le numéro 14.

    B ☐ le numéro 15.

    C ☐ le numéro 19.

3. Où devez-vous descendre ?   1,0

    A ☐ Devant l'école.

    B ☐ Devant le cinéma.

    C ☐ Devant le restaurant.

4. Dessinez le chemin pour aller de l'arrêt de bus à la maison de Jules.   2,0

    A ☐   B ☐   C ☐

5. La maison de Jules se trouve à côté d'…   1,0

    A ☐ un bar.   B ☐ un parc.   C ☐ une banque.

DELF scolaire – Compréhension des écrits

■ Exercice 3

points
6,0

Vous étudiez en France. Vous lisez ces messages sur le panneau d'informations. Lisez les messages et répondez aux questions.

1
La bibliothèque est ouverte tous les jours de 14h à 18h.

2
Vends livres de mathématiques et d'histoire. Jean 06 32 45 21 17, dans la salle C14.

3
Cours de chant tous les mardis de 16h à 17h30 avec Mme Rossignol en salle B06.

4
Vendredi 16 avril, **compétition d'athlétisme** de 14h à 15h pour toutes les classes du collège.

5
Le professeur de français vous aide dans vos devoirs tous les jeudis de 17h à 18h en salle A20.

1. Où pouvez-vous apprendre à chanter ?   1,5
    - A ☐ En salle C14.
    - B ☐ En salle B06.
    - C ☐ En salle A20.

2. La bibliothèque est fermée…   1,0
    - A ☐ Tous les mardis.
    - B ☐ Tous les matins.
    - C ☐ Tous les après-midis.

3. À quelle heure commence la compétition sportive ?   1,5
    - A ☐ 14h.
    - B ☐ 15h.
    - C ☐ 16h.

4. Que pouvez-vous faire le jeudi ?   1,0
    - A ☐ du sport.
    - B ☐ des devoirs.
    - C ☐ des cours de français.

5. Vous pouvez acheter des livres de / d'…   1,0
    - A ☐ maths.
    - B ☐ anglais.
    - C ☐ français.

■ Exercice 4

points
7,0

Vous êtes en France et vous lisez cet article dans le journal du collège.
Lisez le document et répondez aux questions.

STAGE DANS l'ÉCOLE PENDANT LES VACANCES

Vous fréquentez cette école et vous avez moins de 15 ans ? Participez au stage de théâtre en anglais du lundi 5 au vendredi 9 juillet, de 10h à 18h. Le matin, nous allons découvrir la profession d'acteur et l'après-midi, nous allons apprendre des textes en anglais ! Le dernier soir du stage, vous allez jouer la pièce devant vos parents et amis. N'oubliez pas d'apporter à boire. Les déjeuners sont inclus dans le prix. Inscription sur le site de l'école.

1. Qui peut participer au stage ?　　　　　　　　　　　　　　　　　　　　　　1,0

   A ☐ les élèves.

   B ☐ les acteurs.

   C ☐ les adultes.

2. Le stage se passe…　　　　　　　　　　　　　　　　　　　　　　　　　　　1,0

   A ☐ le soir.

   B ☐ la semaine.

   C ☐ le week-end.

3. Pendant le stage, vous allez…　　　　　　　　　　　　　　　　　　　　　　1,5

   A ☐ parler en anglais.

   B ☐ rencontrer des acteurs.

   C ☐ voir une pièce de théâtre.

4. Pendant le stage, vous devez prendre…　　　　　　　　　　　　　　　　　　1,5

   A ☐ de l'eau.

   B ☐ des fruits.

   C ☐ des sandwichs.

5. Où pouvez-vous vous inscrire ?　　　　　　　　　　　　　　　　　　　　　　2,0

   A ☐　　　　　　　　B ☐　　　　　　　　C ☐

Nom	Prénom
Code candidat	–

3 Production écrite

points
25,0

■ Exercice 1 – Compléter une fiche

points
10,0

Vous êtes à l'école en France et c'est la rentrée. Votre professeur de théâtre vous demande de remplir cette fiche d'information pour vous connaître.

NOM : xxxxxxxxxxxxxxxxxxxxxxxxxxxxxxxxxxxxxxxxxxxxxxxxxxxxxxxxxxxxx

Prénom : _____ 1,0

Date de naissance : _____ 1,0

Nationalité : _____ 1,0

Adresse postale : _____ 1,0

Ville : _____ 1,0

Courriel : _____ 1,0

Numéro de téléphone : _____ 1,0

Votre matière préférée : _____ 1,0

Votre passe-temps préféré : _____ 1,0

Votre acteur ou actrice préférée : _____ 1,0

■ Exercice 2 – Rédiger un courriel

points
15,0

Vous êtes en vacances en France. Vous écrivez un courriel à un ami français pour lui raconter votre séjour (activités, visites, temps, rencontres…) 40 mots minimum

À : frederic.123@mel.fr

Objet : Séjour en France

_____
_____
_____
_____
_____

Nom	Prénom
Code candidat	–

4 Production orale

points
25,0

L'épreuve se déroule en trois parties : un entretien dirigé, un échange d'informations et un dialogue simulé (ou jeu de rôle). Elle dure de 5 à 7 minutes. Vous disposez en outre de 10 minutes de préparation pour les parties 2 et 3.

■ Exercice 1 – Entretien dirigé (1 minute environ)

points
4,0

Présentez-vous.

1. Vous vous appelez comment ?
2. Vous avez quel âge ?
3. Vous êtes né(e) quand et dans quelle ville ?
4. Qu'est-ce que vous faites avec vos amis ?
5. Parlez-moi de votre famille. Vous avez des frères et sœurs ? Ils ont quel âge ?

■ Exercice 2 – Échange d'informations (2 minutes environ)

points
4,0

Posez des questions à l'examinateur à partir des 6 mots écrits sur les cartes ci-dessous.

■ Exercice 3 – Dialogue simulé (ou jeu de rôle) (2 minutes environ)

points
4,0

CADEAU D'ANNIVERSAIRE – Vous êtes dans un magasin en France.
Vous voulez acheter un cadeau d'anniversaire à un ami. Vous demandez des informations au vendeur[1] sur les cadeaux et sur leurs prix. Vous choisissez et vous payez. Vous payez avec des pièces et des billets fictifs. N'oubliez pas les formules de politesse de base.

Pour l'ensemble des 3 parties de l'épreuve:

points
13,0

cf. grille d'évaluation page 37.

Corrigés et barèmes

1 Compréhension de l'oral

points
25,0

Transcription des textes

S'assurer avant de commencer l'épreuve que tous les candidats sont prêts. L'enregistrement comporte l'ensemble des consignes ainsi que les temps de pause entre les écoutes. Le surveillant ne doit donc pas intervenir sur l'enregistrement avant la fin de l'épreuve.

Ministère de l'éducation nationale, France Éducation international. DELF niveau A1 du Cadre européen commun de référence pour les langues, version scolaire, épreuve orale collective. Vous allez écouter plusieurs documents. Il y a 2 écoutes. Avant chaque écoute, vous entendez le son suivant : (⊙). Dans les exercices 1, 2, 3 et 5, pour répondre aux questions, cochez ☒ la bonne réponse.

■ Exercice 1

points
4,0

(première écoute)

Lisez les questions. Écoutez le document puis répondez.

Salut, c'est Louis ! Tu veux venir au Musée du Cinéma samedi ? Rendez-vous à 13 h 30 sur la place du théâtre. Après, on va chercher Chloé, elle habite à côté. Le musée ouvre à 14 h et l'entrée coûte 12 euros. On peut aller manger une glace au café du musée. Appelle-moi !

(deuxième écoute)

■ Exercice 2

points
4,0

(première écoute)

Lisez les questions. Écoutez le document puis répondez.

Chers voyageurs, le train 66 à destination de Lyon a un retard de 30 minutes.
Il arrive maintenant en voie B. Les personnes avec une correspondance pour Grenoble ou Marseille doivent aller au bureau 16 à l'entrée de la gare avec leur billet de train.

(deuxième écoute)

Corrigés et barèmes 1

■ Exercice 3

points 4,0

(première écoute)

Lisez les questions. Écoutez le document puis répondez.

Coucou, c'est Marie ! Je t'invite dimanche chez moi pour le déjeuner. Je t'attends pour 12 h 00. Ma mère prépare une pizza et un gâteau au chocolat. Mon cousin Victor vient à 14 h. Prends tes baskets, on va faire une promenade dans la forêt après le déjeuner. Appelle-moi après 20 h !

(deuxième écoute)

■ Exercice 4

points 8,0

(première écoute)

Vous allez entendre quatre petits dialogues correspondant à quatre situations différentes. Il y a 15 secondes de pause après chaque dialogue. Notez, sous chaque image, le numéro du dialogue qui correspond. Puis vous allez entendre à nouveau les dialogues. Vous pouvez compléter vos réponses. Regardez les images. Attention, il y a six images (A, B, C, D, E et F) mais seulement quatre dialogues.

Situation n°1 : **Garçon** : Je voudrais une baguette et un pain de campagne, s'il vous plaît.
Boulangère : Voilà. Ça fera 3,50 €.
Situation n°2 : **Fille** : Qu'est-ce que tu fais Pierre ?
Garçon : Je vais en salle informatique. Tu viens avec moi ?
Fille : D'accord !
Situation n°3 : **Homme** : Ma chérie, tu n'oublies rien ?
Fille : Non, papa… pourquoi ?
Homme : Tes affaires de piscine, on est mardi aujourd'hui.
Fille : Ah oui, tu as raison papa. Merci, à tout à l'heure !
Situation n°4 : **Enseignant** : Prenez vos livres de français à la page 73.
Fille : Quels exercices Monsieur ?
Enseignant : Les exercices 5 et 6.

(deuxième écoute)

■ Exercice 5

points 5,0

(première écoute)

Vous allez entendre un message. Quels objets sont donnés dans le message ?
Vous entendez le nom de l'objet ? Cochez oui ✓. Sinon, cochez non ✗.
Puis vous allez entendre à nouveau le message. Vous pouvez compléter vos réponses.

> **Personne âgée** : Salut, c'est mamie. Est-ce que tu peux aller me faire des courses cet après-midi ? J'ai besoin de 6 œufs et d'une plaque de beurre pour préparer un gâteau. Ah, et est-ce que tu peux aussi m'acheter 2 bouteilles d'eau? Merci ma chérie. À tout à l'heure.
> 09:15

(deuxième écoute)

trente-trois 33

Corrigés

1 Compréhension de l'oral

points
25,0

■ Exercice 1

points
4,0

1. **C** au musée.
2. **B** Sur une place.
3. **A** 12 euros.
4. **A** une glace.

1,0
1,0
1,0
1,0

■ Exercice 2

points
4,0

1. **A** Lyon.
2. **C** 30 minutes.
3. **B** Voie B.
4. Image: **C**

1,0
1,0
1,0
1,0

■ Exercice 3

points
4,0

1. **A** manger chez elle.
2. **A** 12 h.
3. **C** Des chaussures.
4. **C** ce soir.

1,0
1,0
1,0
1,0

■ Exercice 4

points
8,0

Image A : XXXXXXXX   **Image B :** Situation n°4
Image C : Situation n°1   **Image D :** XXXXXXXX
Image E : Situation n°3   **Image F :** Situation n°2

■ Exercice 5

points
5,0

1. **A** Oui
2. **B** Non
3. **B** Non
4. **A** Oui
5. **A** Oui

2 Compréhension des écrits

points 25,0

■ Exercice 1

points 6,0

1. **C** fait des achats. — 1,0
2. Image : **A** — 1,5
3. **A** 18 h. — 1,0
4. **C** devant le supermarché. — 1,0
5. Image : **B** — 1,5

■ Exercice 2

points 6,0

1. **C** regarder un match. — 1,0
2. **B** Le numéro 15. — 1,0
3. **B** Devant le cinéma. — 1,0
4. Plan **C** — 2,0
5. **C** une banque. — 1,0

■ Exercice 3

points 6,0

1. **B** En salle B06. — 1,5
2. **B** tous les matins. — 1,0
3. **A** 14 h. — 1,5
4. **B** Des devoirs. — 1,0
5. **A** maths. — 1,0

■ Exercice 4

points 7,0

1. **A** Les élèves. — 1,0
2. **B** la semaine. — 1,0
3. **A** parler en anglais. — 1,5
4. **A** de l'eau. — 1,5
5. Image : **C** — 2,0

3 Production écrite

points 25,0

Grille d'évaluation: 15 points (Exercice 2)

Critères		Niveau de performance			
		Non répondu ou production insuffisante	En dessous du niveau ciblé	Au niveau ciblé A1	Au niveau ciblé A1+
Compétence pragmatique	Réalisation de la tâche	☐ 0	☐ 0,5	☐ 2	☐ 3
	Cohérence et cohésion	☐ 0	☐ 0,5	☐ 2	☐ 3
Compétence sociolinguistique	Adéquation sociolinguistique	☐ 0	☐ 0,5	☐ 2	☐ 3
Compétence linguistique	Lexique	☐ 0	☐ 0,5	☐ 2	☐ 3
	Morphosyntaxe	☐ 0	☐ 0,5	☐ 2	☐ 3

Anomalies exercice 2

Si la production contient des anomalies, veuillez cocher la ou les cases correspondantes :

☐ Hors-sujet thématique: le candidat ne peut pas être identifié « A1+ » pour les critères « réalisation de la tâche » et « lexique ».

☐ Hors-sujet discursif : le candidat ne peut être identifié ni « A1 » ni « A1+ » pour les critères « réalisation de la tâche » et « cohérence et cohésion ».

☐ Hors-sujet complet (thématique et discursif): attribuez la note de 0 aux critères « réalisation de la tâche», «cohérence et cohésion» et « adéquation sociolinguistique ». Le candidat ne peut être identifié ni « A1 » ni « A1+ » pour les critères « lexique » et « morphosyntaxe ».

☐ Copie blanche: attribuez 0 à l'ensemble des critères de cet exercice.

☐ Manque de matière évaluable: si le candidat produit moins de 50% du nombre de mots attendus (soit 19 mots ou moins), attribuez 0 à l'ensemble des critères de cet exercice

Commentaires (facultatif)

Note ex. 1: _____ /10

Note ex. 2: _____ /15

Total: _____ /25

Corrigés 1

4 Production orale

points
25,0

Grille d'évaluation de la production orale

Critères		Niveau de performance			
		Non répondu ou production insuffisante	En dessous du niveau ciblé	Au niveau ciblé A1	Au niveau ciblé A1+
Compétence pragmatique et sociolinguistique	Réalisation de la tâche : entretien dirigé *(1 minute environ)*	☐ 0	☐ 1	☐ 2,5	☐ 4
	Réalisation de la tâche : échange d'informations *(2 minutes environ)*	☐ 0	☐ 1	☐ 2,5	☐ 4
	Réalisation de la tâche: dialogue simulé *(2 minutes environ)*	☐ 0	☐ 1	☐ 2,5	☐ 4
Compétence linguistique *(pour les deux parties)*	Lexique	☐ 0	☐ 1	☐ 2,5	☐ 5
	Morphosyntaxe	☐ 0	☐ 1	☐ 2,5	☐ 4
	Maîtrise du système phonologique	☐ 0	☐ 1	☐ 2,5	☐ 4
Sujets	Indiquez ici le numéro du sujet préparé par le candidat : Dialogue simulé: sujet n° …				

trente-sept 37

2 DELF scolaire – Compréhension de l'oral

Nom		Prénom	
Code candidat		–	

24 🔊 **1 Compréhension de l'oral**

points
25,0

Consignes de travail

Vous allez écouter plusieurs documents. Il y a 2 écoutes. Dans les exercices 1, 2, 3 et 5, pour répondre aux questions, cochez ☒ la bonne réponse.

■ **Exercice 1**

points
4,0

25 🔊 Lisez les questions. Écoutez le document puis répondez.
Vous êtes en France, vous entendez ce message sur votre répondeur.

1. Chloé veut aller… **A** ☐ en ville. **B** ☐ à la montagne. **C** ☐ au restaurant. — 1,0
2. Chloé vous donne rendez-vous… — 1,0
   A ☐ chez elle. **B** ☐ chez son oncle. **C** ☐ chez vous.
3. À quelle heure est le rendez-vous ? **A** ☐ 8h30 **B** ☐ 9h30 **C** ☐ 10h30 — 1,0
4. Vous devez apporter… — 1,0

26 🔊 A ☐   B ☐   C ☐

■ **Exercice 2**

points
4,0

27 🔊 Lisez les questions. Écoutez le document puis répondez.
Vous êtes dans un centre commercial en France et vous entendez cette annonce.

1. Le centre commercial va fermer dans… — 1,0
   A ☐ 5 minutes. **B** ☐ 10 minutes. **C** ☐ 15 minutes.
2. Que devez-vous faire ? — 1,0
   A ☐ Poser les articles. **B** ☐ Aller à la caisse. **C** ☐ Monter au 1er étage.
3. Quels produits sont en promotion demain ? — 1,0

☐   ☐   ☐

28 🔊 4. Quel magasin est fermé mercredi ? — 1,0

SUPERMACHÉ   LIBRAIRIE   BIJOUTERIE
☐   ☐   ☐

Exercice 3

points 4,0

Lisez les questions. Écoutez le document puis répondez.
Vous êtes en France. Vous entendez ce message sur votre répondeur.

1. Où allez-vous cet après-midi avec Naël ?   1,0

   A ☐ Dans un parc.
   B ☐ Dans un club de gym.
   C ☐ Dans un magasin de sport.

2. Vous devez prendre…   1,0

   A ☐ un bus.
   B ☐ un taxi.
   C ☐ un tram.

3. À quelle heure est le rendez-vous ?   1,0

   A ☐ 14 h.
   B ☐ 15 h.
   C ☐ 16 h.

4. Qu'est-ce que vous devez apporter ?   1,0

   A ☐ De l'eau.
   B ☐ Un sac-à-dos.
   C ☐ Des chaussures.

Exercice 4

points 8,0

Vous allez entendre quatre petits dialogues correspondant à quatre situations différentes. Il y a 15 secondes de pause après chaque dialogue. Notez, sous chaque image, le numéro du dialogue qui correspond. Puis vous allez entendre à nouveau les dialogues. Vous pouvez compléter vos réponses. Regardez les images. Attention, il y a six images (A, B, C, D, E et F) mais seulement quatre dialogues.

Image A

Situation n° …

Image B

Situation n° …

Image C

Situation n° …

Image D

Situation n° …

Image E

Situation n° …

Image F

Situation n° …

Exercice 5

points 5,0

Lisez les questions. Écoutez le document puis répondez.
Vous êtes en France. Vous entendez ce message sur votre répondeur.
Quels objets sont donnés dans le message ?

1

☐ Oui   ☐ Non

2

☐ Oui   ☐ Non

3

☐ Oui   ☐ Non

4

☐ Oui   ☐ Non

5

☐ Oui   ☐ Non

Nom	Prénom
Code candidat	–

2 Compréhension des écrits

points
25,0

■ Exercice 1

points
6,0

Vous recevez ce message d'un ami francophone. Lisez le document puis répondez aux questions.

De :   Fab@gmail.com

Objet : Rendez-vous

Salut !

À 14 h, je vais regarder un film chez Samuel. Est-ce que tu veux m'accompagner ? On peut se retrouver devant le stade de foot à 13 h. La maison de Samuel est en face de la pharmacie. Tu peux prendre des chips et du pop-corn ? Moi, je m'occupe des boissons. Samuel a des bonbons. Viens en vélo. Après le film, vers 16 h, on peut faire un tour en vélo au parc. Appelle-moi !

Fabien

---

1. Fabien veut regarder…   1,0

   A ☐ un film.   B ☐ un match de foot.   C ☐ un dessin-animé.

2. À quelle heure est le rendez-vous ?   1,0

   A ☐ 13 h   B ☐ 14 h   C ☐ 16 h

3. Samuel habite vers…   1,5

   A ☐ (stade)   B ☐ (pharmacie)   C ☐ (parc Rousseau)

4. Que devez-vous apporter ?   1,0

   A ☐ Des chips.   B ☐ Des bonbons.   C ☐ Des jus de fruits.

5. Que veut faire Fabien au parc ?   1,5

   A ☐ (pique-nique)   B ☐ (se reposer au bord de l'eau)   C ☐ (faire du vélo)

quarante-et-un   41

Exercice 2

points
6,0

Vous êtes en France et vous venez de recevoir ce message d'une amie.
Lisez le document puis répondez aux questions.

De : Soniafrance@gmail.com

Objet : Mon adresse

Coucou !

Je t'invite samedi à midi pour déjeuner à la maison. À 11h, j'ai rendez-vous chez le dentiste. Je ne peux pas venir te chercher à la gare. Le chemin pour venir chez moi est simple. Quand tu sors de la gare, passe devant la boucherie. Puis, tourne à droite dans la rue du Parc. Ma maison est entre l'église et l'école, au numéro 13. Ma mère travaille à la boulangerie. Tu peux l'appeler si tu as un problème.

Bisous.
Sonia

---

1. Que fait Sonia samedi ?   1,0

   A ☐ Elle va à un rendez-vous.
   B ☐ Elle va se promener avec vous.
   C ☐ Elle vient vous chercher à la gare.

2. Pour aller chez Sonia, vous passez devant quel magasin ?   1,0

   A ☐ Une boucherie.
   B ☐ Une pâtisserie.
   C ☐ Une boulangerie.

3. La maison de Sonia se trouve près de l'église et…   1,0

   A ☐ de l'école.
   B ☐ du parc.
   C ☐ de la gare.

4. Dessinez le chemin pour aller de la gare à la maison de Sonia.   2,0

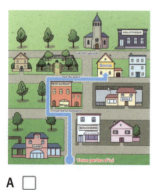 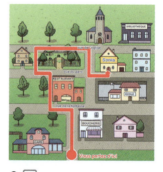

A ☐   B ☐   C ☐

5. Quel est le numéro de la maison de Sonia ?   1,0

   A ☐ 11   B ☐ 12   C ☐ 13

2

■ Exercice 3

Vous étudiez en France. Vous lisez les programmes des activités scolaires de cette année. Répondez aux questions.

points
6,0

Apprendre à dessiner	Le lundi de 15 h à 18 h, venez apprendre les techniques de dessin en salle 9.
Chorale de l'école	Vous aimez chanter ? Nous vous attendons tous les vendredis à 17 h 30, en salle 10.
Judo	Le prof de sport vous attend au gymnase n° 2 le mercredi à 13 h.
Les cuisines du monde	Tous les mardis, de 16 h 30 à 18 h 30, apprenez à cuisiner dans la cantine de l'école.
Cours de langue	Apprenez le chinois avec Mme Cheng, le jeudi de 15 h à 16 h en salle 11.

1. Quand pouvez-vous apprendre une langue étrangère ?   1,0

    A ☐ Le mardi.

    B ☐ Le mercredi.

    C ☐ Le jeudi.

2. À quelle heure finissent les cours de cuisine ?   1,5

    A ☐ 16 h 30.

    B ☐ 17 h 30.

    C ☐ 18 h 30.

3. Où est le cours de dessin ?   1,5

    A ☐ En salle 9.

    B ☐ En salle 10.

    C ☐ En salle 11.

4. Quelle activité commence à 13 h ?   1,0

    A ☐ Le judo.

    B ☐ Le cours de langue.

    C ☐ La chorale de l'école.

5. Que pouvez-vous faire le vendredi ?   1,0

    A ☐ Du sport.

    B ☐ Du chant.

    C ☐ De la cuisine.

Exercice 4

Vous êtes en France et vous lisez cet article dans un magazine.
Lisez le document et répondez aux questions.

points
7,0

Reportage Ados

Notre magazine *Les jeunes du monde* recherche des adolescents entre 10 et 15 ans pour un reportage. Remplis la fiche d'inscription sur notre site internet avant samedi 18 février, et envoie-nous ta photo. Tes parents doivent signer la fiche. La rédaction de notre magazine va t'appeler entre le 5 et le 10 mars. Nous allons te poser des questions sur toi et sur tes goûts (lectures, chanteurs, jeux vidéos…). Le 20 mai, nous allons publier un article sur toi avec ta photo !

1. Le magazine veut faire un reportage sur des jeunes…   1,0

   A ☐ de plus de 10 ans.

   B ☐ de plus de 15 ans.

   C ☐ de plus de 18 ans.

2. Où peux-tu trouver la fiche d'inscription ?   1,0

   A ☐ Sur internet.

   B ☐ À la rédaction.

   C ☐ Dans le magazine.

3. Les parents doivent…   1,5

   A ☐ écrire au magazine.

   B ☐ signer un document.

   C ☐ remplir la fiche d'inscription.

4. Comment la rédaction du magazine va vous contacter ?   2,0

   A ☐   B ☐   C ☐

5. Le magazine va publier l'article…   1,5

   A ☐ le 18 février.

   B ☐ le 10 mars.

   C ☐ le 20 mai.

Nom	Prénom
Code candidat	–

3 Production écrite

points 25,0

■ Exercice 1 – Compléter une fiche

points 10,0

Vous voulez vous inscrire à un cours de français cet été. Remplissez ce formulaire.

NOM : xxxxxxxxxxxxxxxxxxxxxxxxxxxxxxxxxxxxxxxxxxxxxxxxxxxxxxxxxxxxxxxxx

Prénom : _____ 1,0

Adresse : _____ 1,0

Ville : _____ 1,0

Pays : _____ 1,0

Âge : _____ 1,0

Courriel : _____ 1,0

Langue maternelle : _____ 1,0

Autre(s) langue(s) parlée(s) : _____ 1,0

Matière préférée : _____ 1,0

Combien d'heures de français veux-tu faire par jour ? _____ 1,0

■ Exercice 2 – Rédiger un message

points 15,0

Vous lisez ce message dans un magazine français pour adolescents.

> Salut !
>
> Je m'appelle Noah. J'ai 12 ans. J'adore la musique rock et faire des promenades à la montagne.
>
> Je cherche un(e) correspondant (e).
>
> Écris-moi !

Vous répondez à Noah. Vous vous présentez. Vous parlez de votre famille et de vos activités préférées. 40 mots minimum.

Nom	Prénom
Code candidat	–

4 Production orale

points 25,0

L'épreuve se déroule en trois parties : un entretien dirigé, un échange d'informations et un dialogue simulé (ou jeu de rôle). Elle dure de 5 à 7 minutes. Vous disposez en outre de 10 minutes de préparation pour les parties 2 et 3.

■ Exercice 1 – Entretien dirigé (1 minute environ)

points 4,0

Présentez-vous.

1. Vous vous appelez comment ?
2. Vous avez quel âge ?
3. Vous êtes né(e) quand et dans quelle ville ?
4. Qu'est-ce que vous faites avec vos amis ?
5. Parlez-moi de votre famille. Vous avez des frères et sœurs ? Ils ont quel âge ?

■ Exercice 2 – Échange d'informations (2 minutes environ)

points 4,0

Posez des questions à l'examinateur à partir des 6 mots écrits sur les cartes ci-dessous.

examen   bus   théâtre   vacances   prénom   langue

■ Exercice 3 – Dialogue simulé (ou jeu de rôle) (2 minutes environ)

points 4,0

AU CINÉMA – Vous êtes au cinéma. Vous demandez des informations sur les films (sujets, horaires). Vous choisissez un film et vous payez votre billet d'entrée.
Vous payez avec des pièces et des billets fictifs. N'oubliez pas les formules de politesse de base.

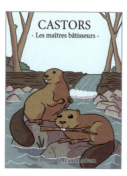

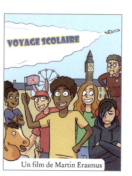

Pour l'ensemble des 3 parties de l'épreuve:

points 13,0

cf. grille d'évaluation 52.

Corrigés et barèmes

1 Compréhension de l'oral

points
25,0

Transcription des textes

S'assurer avant de commencer l'épreuve que tous les candidats sont prêts. L'enregistrement comporte l'ensemble des consignes ainsi que les temps de pause entre les écoutes. Le surveillant ne doit donc pas intervenir sur l'enregistrement avant la fin de l'épreuve.

Ministère de l'éducation nationale, France Éducation international. DELF niveau A1 du Cadre européen commun de référence pour les langues, version scolaire, épreuve orale collective. Vous allez écouter plusieurs documents. Il y a 2 écoutes. Avant chaque écoute, vous entendez le son suivant : . Dans les exercices 1, 2, 3 et 5, pour répondre aux questions, cochez ☒ la bonne réponse.

■ Exercice 1

points
4,0

(première écoute)

Lisez les questions. Écoutez le document puis répondez.

Salut, c'est Chloé ! Ce week-end, je vais faire du ski à la montagne. Je t'invite !
Rendez-vous chez moi samedi matin. Viens vers 8 h 30. On prend notre petit déjeuner ensemble et après mon oncle nous accompagnera en voiture. N'oublie pas tes lunettes de soleil.
Rappelle-moi pour me donner ta réponse !

(deuxième écoute)

■ Exercice 2

points
4,0

(première écoute)

Lisez les questions. Écoutez le document puis répondez.

Chers clients, il est 19 heures 50. Le centre commercial va fermer ses portes dans 10 minutes. Veuillez s'il vous plaît payer vos articles en caisse. Demain, la librairie du 1er étage propose une promotion sur les livres et BD. Mercredi, la bijouterie au rez-de-chaussée est fermée toute la journée. Merci et bonne soirée.

(deuxième écoute)

2 Corrigés et barèmes

■ Exercice 3

29 🔊 **(première écoute)**   points 4,0

Lisez les questions. Écoutez le document puis répondez.

Salut, c'est Naël. Tu veux toujours venir au club de gym avec moi cet après-midi ?
Alors, pour venir, tu dois prendre le tram n°15. Descends à l'arrêt « Parc des expositions ».
Je t'attends à côté du magasin de chaussures, à 14 heures. N'oublie pas de prendre une bouteille d'eau.
À plus!

30 🔊 **(deuxième écoute)**

■ Exercice 4

31 🔊 **(première écoute)**   points 8,0

Vous allez entendre quatre petits dialogues correspondant à quatre situations différentes. Il y a 15 secondes de pause après chaque dialogue. Notez, sous chaque image, le numéro du dialogue qui correspond. Puis vous allez entendre à nouveau les dialogues. Vous pouvez compléter vos réponses. Regardez les images. Attention, il y a six images (A, B, C, D, E et F) mais seulement quatre dialogues.

Situation n°1 :   **Élève :** Monsieur, est-ce que l'on peut utiliser la calculatrice ?
                  Professeur (homme) : Oui mais seulement pour le premier exercice.
Situation n° 2 : **Fille :** Qu'est-ce que tu vas manger toi ?
                  Garçon : De la viande et des haricots verts.
                  Fille : Oh non ! Moi, je déteste les haricots de la cantine. Je vais prendre des frites.
Situation n° 3 : **Fille :** Chut! Je n'arrive pas à me concentrer. Vous faites trop de bruit.
                  Garçon : Pardon.
                  Fille : Il faut parler à voix basse à la bibliothèque.
Situation n° 4 : **Enseignante (femme) :** Aujourd'hui, nous allons jouer au tennis. Allez prendre les balles et les raquettes.
                  Élève (fille) : Madame, j'y vais !
                  Enseignante (femme) : Merci Noémie.

32 🔊 **(deuxième écoute)**

■ Exercice 5

33 🔊 **(première écoute)**   points 5,0

Vous allez entendre un message. Quels objets sont donnés dans le message ?
Vous entendez le nom de l'objet ? Cochez oui ☑. Sinon, cochez non ☒.
Puis vous allez entendre à nouveau le message. Vous pouvez compléter vos réponses.

> **Fille :** Salut, c'est Clara. Pour la fête de fin d'année à l'école, est-ce que tu peux apporter du jus d'orange ou de la limonade ? Ma mère prépare un gâteau aux pommes et un au chocolat. N'oublie pas d'apporter une casquette et de la crème solaire. Il va faire chaud ! Merci et à demain.
> 09:15

34 🔊 **(deuxième écoute)**

48 quarante-huit

Corrigés

1 Compréhension de l'oral

points 25,0

■ Exercice 1

points 4,0

1. **B** à la montagne. 1,0
2. **A** chez elle. 1,0
3. **A** 8 h 30 1,0
4. Image : **C** 1,0

■ Exercice 2

points 4,0

1. **B** 10 minutes. 1,0
2. **B** Aller à la caisse 1,0
3. Image : **C** 1,0
4. Image : **C** 1,0

■ Exercice 3

points 4,0

1. **B** Dans un club de gym. 1,0
2. **C** un tram. 1,0
3. **A** 14 h 1,0
4. **A** De l'eau. 1,0

■ Exercice 4

points 8,0

Image A : Situation n° 3 **Image B :** XXXXXXXX
Image C : Situation n° 4 **Image D :** Situation n° 2
Image E : XXXXXXXX **Image F :** Situation n° 1

■ Exercice 5

points 5,0

1. **A** Oui
2. **B** Non
3. **B** Non
4. **B** Non
5. **A** Oui

2 Compréhension des écrits

points 25,0

■ Exercice 1

points 6,0

1. **A** un film. — 1,0
2. **A** 13 h — 1,0
3. Image : **B** — 1,5
4. **A** Des chips. — 1,0
5. Image : **C** — 1,5

■ Exercice 2

points 6,0

1. **A** Elle va à un rendez-vous. — 1,0
2. **A** une boucherie. — 1,0
3. **A** de l'école. — 1,0
4. Plan **A** — 2,0
5. **C** 13 — 1,0

■ Exercice 3

points 6,0

1. **C** Le jeudi. — 1,0
2. **C** 18 h 30. — 1,5
3. **A** En salle 9 — 1,5
4. **A** Le judo. — 1,0
5. **B** Du chant. — 1,0

■ Exercice 4

points 7,0

1. **A** de plus de 10 ans. — 1,0
2. **A** Sur internet. — 1,0
3. **B** signer un document. — 1,5
4. Image : **C** — 2,0
5. **C** le 20 mai. — 1,5

3 Production écrite

points
25,0

Grille d'évaluation: 15 points (Exercice 2)

Critères		Niveau de performance			
		Non répondu ou production insuffisante	En dessous du niveau ciblé	Au niveau ciblé A1	Au niveau ciblé A1+
Compétence pragmatique	Réalisation de la tâche	☐ 0	☐ 0,5	☐ 2	☐ 3
	Cohérence et cohésion	☐ 0	☐ 0,5	☐ 2	☐ 3
Compétence sociolinguistique	Adéquation sociolinguistique	☐ 0	☐ 0,5	☐ 2	☐ 3
Compétence linguistique	Lexique	☐ 0	☐ 0,5	☐ 2	☐ 3
	Morphosyntaxe	☐ 0	☐ 0,5	☐ 2	☐ 3
Anomalies exercice 2	Si la production contient des anomalies, veuillez cocher la ou les cases correspondantes : ☐ Hors-sujet thématique: le candidat ne peut pas être identifié « A1+ » pour les critères « réalisation de la tâche » et « lexique ». ☐ Hors-sujet discursif : le candidat ne peut être identifié ni « A1 » ni « A1+ » pour les critères « réalisation de la tâche » et « cohérence et cohésion ». ☐ Hors-sujet complet (thématique et discursif): attribuez la note de 0 aux critères « réalisation de la tâche», «cohérence et cohésion» et « adéquation sociolinguistique ». Le candidat ne peut être identifié ni « A1 » ni « A1+ » pour les critères « lexique » et « morphosyntaxe ». ☐ Copie blanche: attribuez 0 à l'ensemble des critères de cet exercice. ☐ Manque de matière évaluable: si le candidat produit moins de 50 % du nombre de mots attendus (soit 19 mots ou moins), attribuez 0 à l'ensemble des critères de cet exercice				

Commentaires (facultatif)

Note ex. 1: _____ /10

Note ex. 2: _____ /15

Total: _____ /25

4 Production orale

points
25,0

Grille d'évaluation de la production orale

Critères		Niveau de performance			
		Non répondu ou production insuffisante	En dessous du niveau ciblé	Au niveau ciblé A1	Au niveau ciblé A1+
Compétence pragmatique et sociolinguistique	Réalisation de la tâche : entretien dirigé *(1 minute environ)*	☐ 0	☐ 1	☐ 2,5	☐ 4
	Réalisation de la tâche : échange d'informations *(2 minutes environ)*	☐ 0	☐ 1	☐ 2,5	☐ 4
	Réalisation de la tâche: dialogue simulé *(2 minutes environ)*	☐ 0	☐ 1	☐ 2,5	☐ 4
Compétence linguistique (pour les deux parties)	Lexique	☐ 0	☐ 1	☐ 2,5	☐ 5
	Morphosyntaxe	☐ 0	☐ 1	☐ 2,5	☐ 4
	Maîtrise du système phonologique	☐ 0	☐ 1	☐ 2,5	☐ 4
Sujets	Indiquez ici le numéro du sujet préparé par le candidat : Dialogue simulé: sujet n° …				

Nom		Prénom	
Code candidat		–	

1 Compréhension de l'oral

points 25,0

Consignes de travail

Vous allez écouter plusieurs documents. Il y a 2 écoutes. Dans les exercices 1, 2, 3 et 5, pour répondre aux questions, cochez ☒ la bonne réponse.

■ **Exercice 1**

points 4,0

Lisez les questions. Écoutez le document puis répondez.
Vous êtes en France, vous entendez ce message sur votre répondeur.

1. Romane vous propose d'aller…

   A ☐ à un cours de danse.   **B** ☐ à son anniversaire.   **C** ☐ à un spectacle.

1,0

2. Chloé vous donne rendez-vous à…   **A** ☐ 19h30.   **B** ☐ 20h30.   **C** ☐ 21h30.

1,0

3. Comment allez-vous au rendez-vous ?

1,0

   A ☐   **B** ☐   **C** ☐

4. Romane vous demande de…

1,0

   A ☐   **B** ☐   **C** ☐

■ **Exercice 2**

points 4,0

Lisez les questions. Écoutez le document puis répondez.
Vous écoutez la radio en France et vous entendez cette annonce.

1. La radio offre des places au…

1,0

   A ☐   **B** ☐   **C** ☐

2. À quelle heure pouvez-vous participer ?   **A** ☐ 16h.   **B** ☐ 17h.   **C** ☐ 18h.

1,0

3. Pour participer, vous devez…

1,0

   A ☐   **B** ☐   **C** ☐

4. La radio veut connaître le nom…   **A** ☐ de votre ville.   **B** ☐ d'une chanson.
   C ☐ de vos parents.

1,0

3 DELF scolaire – Compréhension de l'oral

■ Exercice 3

points 4,0

Lisez les questions. Écoutez le document puis répondez.
Vous êtes en France. Vous entendez ce message sur votre répondeur.

1. Où va Rose ?

    A ☐ Au restaurant.
    B ☐ Voir son cousin.
    A ☐ Chez le vétérinaire.

1,0

2. Rose vous demande de…

    A ☐ appeler votre tante.
    B ☐ manger avec votre cousin.
    C ☐ vous occuper de son chien.

1,0

3. Que cuisine Rose ?

    A ☐ Un gâteau.
    B ☐ De la pizza.
    C ☐ Du poisson.

1,0

4. À quelle heure vous avez rendez-vous ?

    A ☐ 11h.
    B ☐ 11h45.
    C ☐ 12h15.

1,0

■ Exercice 4

points 8,0

Vous allez entendre quatre petits dialogues correspondant à quatre situations différentes. Il y a 15 secondes de pause après chaque dialogue. Notez, sous chaque image, le numéro du dialogue qui correspond. Puis vous allez entendre à nouveau les dialogues. Vous pouvez compléter vos réponses. Regardez les images. Attention, il y a six images (A, B, C, D, E et F) mais seulement quatre dialogues.

Image A

Situation n° …

Image B

Situation n° …

Image C

Situation n° …

Image D

Situation n° …

Image E
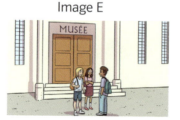
Situation n° …

Image F

Situation n° …

■ Exercice 5

Lisez les questions. Écoutez le document puis répondez.
Vous êtes en France. Vous entendez ce message sur votre répondeur.
Quels objets sont donnés dans le message ?

points
5,0

1

☐ Oui ☐ Non

2

☐ Oui ☐ Non

3

☐ Oui ☐ Non

4

☐ Oui ☐ Non

5

☐ Oui ☐ Non

3 DELF scolaire – Compréhension des écrits

Nom	Prénom
Code candidat	–

2 Compréhension des écrits

points 25,0

■ Exercice 1

points 6,0

Vous recevez ce message d'un ami francophone. Lisez le document puis répondez aux questions.

De : Axel@gmail.com

Objet : Coucou

Coucou !
Je suis en vacances à Porto avec ma cousine Sonia. La ville est magnifique ! Aujourd'hui, à 15 h, on va faire une promenade en bateau sur le fleuve. Vers 16 h, je vais aller prendre une glace dans le centre ville. Sonia préfère manger un sandwich.
Ce soir, à 20 h, nous allons à un concert de Fado, la musique traditionnelle portugaise. Demain, on va visiter un petit village près de Porto. Je rentre samedi.

À bientôt !
Axel

---

1. Où est Axel ? … 1,0

   A ☐ À la mer.   B ☐ Dans une ville.   C ☐ Dans un village.

2. Axel va prendre le bateau à… 1,0

   A ☐ 15 h.   B ☐ 16 h.   C ☐ 20 h.

3. Que va manger Axel à 16 h ? 1,5

   A ☐   B ☐   C ☐

4. Ce soir, Axel et sa cousine vont … 1,5

   A ☐   B ☐   C ☐

5. Que va faire Axel demain ? 1,0

   A ☐ Visiter un village.   B ☐ Aller à un concert.   C ☐ Rentrer à la maison.

Exercice 2

points
6,0

Vous étudiez en France et vous venez de recevoir ce message du secrétariat du lycée.
Lisez le document puis répondez aux questions.

De : Secrétariat.lycée@lycéeparis.com

Objet : Sortie scolaire

Bonjour,

Vendredi, votre professeur de Sciences Naturelles organise une sortie au Musée d'Histoire Naturelle, de 10 h 30 à 12 h. Pensez à prendre 5 € pour l'entrée, un cahier et un stylo.
Le rendez-vous est à 10h00 devant le Musée. Pour y arriver, passez devant la librairie. Traversez le Pont Vieux. Continuez dans la Rue de l'Étoile. Tournez à gauche.
Le Musée est en face du bar, à côté de la boulangerie. Pour tout problème, appelez la directrice.

Le secrétariat

---

1. Votre professeur organise…   1,0

    A ☐ une sortie scolaire.

    B ☐ un cours en dehors de l'école.

    C ☐ une expérience de Sciences Naturelles.

2. À quelle heure se termine l'activité ?   1,0

    A ☐ 10 h.   B ☐ 10 h 30.   C ☐ 12 h.

3. Vous devez prendre…   1,0

    A ☐ de l'argent.

    B ☐ votre cartable.

    C ☐ de la nourriture.

4. Dessinez le chemin pour aller au rendez-vous.   2,0

    A ☐   B ☐   C ☐

5. Si vous avez un problème, vous devez appeler…   1,0

    A ☐ la direction.   B ☐ le secrétariat.   C ☐ l'enseignant.

DELF scolaire – Compréhension des écrits

■ Exercice 3

points
6,0

Vous êtes dans une école de langue. Vous lisez les activités proposées dans cette école. Répondez aux questions.

ÉCOLE DE LANGUE GUSTAVE FLAUBERT

Médiathèque
Lecture en français d'auteurs francophones, le jeudi de 16h à 17h.
Grand choix de DVD et CD.

Ateliers artistiques
- Cours de théâtre en langue française pour tous les niveaux. Tous les samedis de 10h à 13h.
- Cours de cuisine avec un chef cuisinier français. Le mercredi de 18h à 20h. Maximum 4 participants.

Cours en ligne collectif
Apprenez la grammaire française à distance ! Classe virtuelle avec 10 participants maximum.

Films en langue originale
Profitez de notre salle de cinéma de 30 places. Projection de films en français tous les soirs à partir de 20h30.

---

1. Quel jour pouvez-vous apprendre à cuisiner ?   1,0
   - A ☐ Le mardi.
   - B ☐ Le mercredi.
   - C ☐ Le jeudi.

2. Les lectures à la médiathèque durent…   1,5
   - A ☐ 1 heure.
   - B ☐ 1 heure et demie.
   - C ☐ 2 heures.

3. Combien d'élèves il y a dans les cours en ligne ?   1,5
   - A ☐ 4.
   - B ☐ 10.
   - C ☐ 30.

4. Qu'est-ce que vous pouvez faire le samedi matin dans l'école de langue ?   1,0
   - A ☐ Regarder un film.
   - B ☐ Prendre des cours.
   - C ☐ Faire du théâtre.

5. Vous pouvez regarder des films en français …   1,0
   - A ☐ le matin.
   - B ☐ l'après-midi.
   - C ☐ le soir.

■ Exercice 4

points
7,0

Vous habitez en France. Vous allez à la Journée Portes Ouvertes d'un lycée linguistique. Lisez le document et répondez aux questions.

> **PROGRAMME JOURNÉE PORTES OUVERTES**
> **Lycée Linguistique**
>
> **1. Visites guidées**
> Toute la journée, vous pouvez visiter l'établissement scolaire. Nos surveillants vous donnent rendez-vous devant la salle R31.
> Départs : 9h15 – 10h30 – 13h – 15h15 – 17h30.
>
> **2. Conférence**
> Le directeur du lycée présente les différentes matières enseignées et les nombreuses activités sportives et culturelles du lycée. Salle R32 à 14h.
>
> **3. Rencontre**
> Vous pouvez poser toutes vos questions aux lycéens de dernière année en salle R30 de 15h à 18h.
>
> **4. Ateliers**
> Nos professeurs de français organisent des ateliers d'écriture d'une heure en salle R33 jusqu'à 18h30.

1. Qui organise les visites guidées ? 1,0

   A ☐ Le directeur.
   B ☐ Les professeurs.
   C ☐ Les surveillants.

2. Dans quelle salle se trouvent les lycéens ? 1,0

   A ☐ Salle R30.
   B ☐ Salle R31.
   C ☐ Salle R32.

3. Quand parle le directeur ? 1,5

   A ☐ Le matin.
   B ☐ L'après-midi.
   C ☐ Le soir.

4. Qu'est-ce que vous pouvez faire en salle R33 ? 2,0

   A ☐   B ☐   C ☐

5. La dernière visite du lycée est à… 1,5

   A ☐ 17h30.   B ☐ 18h.   C ☐ 18h30.

Nom	Prénom
Code candidat	–

3 Production écrite

points
25,0

■ Exercice 1 – Compléter une fiche

points
10,0

Vous lisez le magazine *Sport et ados* et vous voulez participer à un jeu pour gagner un abonnement gratuit au magazine. Remplissez ce formulaire.

NOM : xxxxxxxxxxxxxxxxxxxxxxxxxxxxxxxxxxxxxxxxxxxxxxxxxxxxxxxxxxxx

Prénom : _____ 1,0

Adresse : _____ 1,0

Ville : _____ 1,0

Pays : _____ 1,0

Âge : _____ 1,0

Courriel : _____ 1,0

Sport préféré : _____ 1,0

Combien de fois par semaine tu fais du sport ? _____ 1,0

Qui fait du sport dans ta famille ? _____ 1,0

Quel sport tu aimes regarder à la télé ? _____ 1,0

■ Exercice 2 – Rédiger un message

points
15,0

Vous recevez ce courriel de votre ami français.

De : paolo321@gmail.com

Objet : vacances

Salut !

Tu es en vacances ? Que fais-tu ?

Raconte-moi !

À bientôt.

Paolo

Vous répondez à Paolo. Vous lui parlez de vos vacances, de vos activités et du temps qu'il fait. 40 mots minimum.

Nom	Prénom
Code candidat	–

4 Production orale

points 25,0

L'épreuve se déroule en trois parties : un entretien dirigé, un échange d'informations et un dialogue simulé (ou jeu de rôle). Elle dure de 5 à 7 minutes. Vous disposez en outre de 10 minutes de préparation pour les parties 2 et 3.

■ Exercice 1 – Entretien dirigé (1 minute environ)

points 4,0

Présentez-vous.

1. Vous vous appelez comment ?
2. Vous avez quel âge ?
3. Vous êtes né(e) quand et dans quelle ville ?
4. Qu'est-ce que vous faites avec vos amis ?
5. Parlez-moi de votre famille. Vous avez des frères et sœurs ? Ils ont quel âge ?

■ Exercice 2 – Échange d'informations (2 minutes environ)

points 4,0

Posez des questions à l'examinateur à partir des 6 mots écrits sur les cartes ci-dessous.

cuisiner   ordinateur   études   horaires   courses   hiver

■ Exercice 3 – Dialogue simulé (ou jeu de rôle) (2 minutes environ)

points 4,0

À LA MONTAGNE – Vous voulez faire du ski avec vos amis. Vous allez dans un magasin de sport pour acheter des vêtements. Vous demandez le prix de plusieurs articles. Vous choisissez et vous payez.
Vous payez avec des pièces et des billets fictifs. N'oubliez pas les formules de politesse de base[1].

Pour l'ensemble des 3 parties de l'épreuve:

points 13,0

cf. grille d'évaluation 67.

Corrigés et barèmes

1 Compréhension de l'oral

points
25,0

Transcription des textes

S'assurer avant de commencer l'épreuve que tous les candidats sont prêts. L'enregistrement comporte l'ensemble des consignes ainsi que les temps de pause entre les écoutes. Le surveillant ne doit donc pas intervenir sur l'enregistrement avant la fin de l'épreuve.

Ministère de l'éducation nationale, France Éducation international. DELF niveau A1 du Cadre européen commun de référence pour les langues, version scolaire, épreuve orale collective. Vous allez écouter plusieurs documents. Il y a 2 écoutes. Avant chaque écoute, vous entendez le son suivant : . Dans les exercices 1, 2, 3 et 5, pour répondre aux questions, cochez ☒ la bonne réponse.

■ Exercice 1

points
4,0

(première écoute)

Lisez les questions. Écoutez le document puis répondez.

Coucou ! C'est Romane ! Pour mon anniversaire, ma mère m'offre deux billets pour un spectacle de danse.
Tu veux venir avec moi ? C'est dimanche prochain, au Théâtre de l'Opéra. On peut se retrouver devant chez moi à 20 h 30. On y va à pied. Si tu es d'accord, téléphone-moi !

(deuxième écoute)

■ Exercice 2

points
4,0

(première écoute)

Lisez les questions. Écoutez le document puis répondez.

Cette semaine, *Radio Jeunesse* vous offre cinq entrées au musée. Vous pouvez aller visiter gratuitement tous vos musées préférés, dans toute la France. Vous pouvez participer tous les jours à 16 h pile. Téléphonez au 06 817 818, donnez votre nom, votre âge et le nom de la dernière chanson entendue sur notre radio.

(deuxième écoute)

Corrigés et barèmes 3

■ Exercice 3

points 4,0

 (première écoute)

Lisez les questions. Écoutez le document puis répondez.

Salut ! C'est tante Rose. À midi, j'ai rendez-vous chez le vétérinaire. Notre chien est malade. Tu veux venir déjeuner à la maison avec ton cousin ? Il n'aime pas manger seul. Je prépare du poisson et des pommes de terre. Toi, cuisine ton gâteau aux pommes, ton cousin l'adore ! Viens à 11 h 45. Merci !

(deuxième écoute)

■ Exercice 4

points 8,0

 (première écoute)

Vous allez entendre quatre petits dialogues correspondant à quatre situations différentes. Il y a 15 secondes de pause après chaque dialogue. Notez, sous chaque image, le numéro du dialogue qui correspond. Puis vous allez entendre à nouveau les dialogues. Vous pouvez compléter vos réponses. Regardez les images. Attention, il y a six images (A, B, C, D, E et F) mais seulement quatre dialogues..

Situation n° 1 : **Homme :** Bonjour, qu'est-ce que je vous sers ?
Élève (fille) : Un sandwich au jambon s'il vous plait.
Homme : Voilà !
Élève (fille) : Merci !

Situation n° 2 : **Fille :** Tu rentres comment chez toi ?
Garçon : En trottinette. Et toi ?
Fille : Moi, je prends le bus. J'habite loin de l'école.
Garçon : Bon, ben, bonne soirée !

Situation n° 3 : **Fille :** Bonjour, je m'appelle Pamela et je suis américaine.
Garçon : Et moi, je m'appelle Xin, je suis chinois.

Situation n° 4 : **Garçon :** Où vous allez ?
Fille : On va au musée de la Résistance pour notre cours d'histoire. Tu viens avec nous ?
Garçon : Ah non, merci !

(deuxième écoute)

■ Exercice 5

points 5,0

 (première écoute)

Vous allez entendre un message. Quels objets sont donnés dans le message ?
Vous entendez le nom de l'objet ? Cochez oui ✓. Sinon, cochez non ✗.
Puis vous allez entendre à nouveau le message. Vous pouvez compléter vos réponses.

> **Garçon :** Coucou, c'est Ethan. Tu viens jouer au foot cet après-midi au parc avec moi ? N'oublie pas de mettre un pull, il fait froid aujourd'hui ! Tu peux apporter ton ballon de foot ? Pour le goûter, je prends des fruits et un jus d'orange. On se voit à 14 h 30 devant chez toi ? À plus !
> 09:15

(deuxième écoute)

Corrigés

1 Compréhension de l'oral

points 25,0

■ Exercice 1

points 4,0

1. **C** à un spectacle.
2. **B** 20 h 30.
3. Image: **A**
4. Image: **A**

1,0
1,0
1,0
1,0

■ Exercice 2

points 4,0

1. Image: **C**
2. **A** 16 h.
3. Image: **A**
4. **B** d'une chanson.

1,0
1,0
1,0
1,0

■ Exercice 3

points 4,0

1. **C** Chez le vétérinaire.
2. **B** Manger avec votre cousin.
3. **C** Du poisson.
4. **B** 11 h 45.

1,0
1,0
1,0
1,0

■ Exercice 4

points 8,0

Image A : Situation n° 3   **Image B :** XXXXXXXX
Image C : XXXXXXXX   **Image D :** Situation n° 2
Image E : Situation n° 4   **Image F :** Situation n° 1

■ Exercice 5

points 5,0

1. **A** Oui
2. **B** Non
3. **B** Oui
4. **A** Non
5. **A** Oui

Corrigés 3

2 Compréhension des écrits

points 25,0

■ Exercice 1

points 6,0

1. **B** Dans une ville. — 1,0
2. **A** 15 h. — 1,0
3. Image : **C** — 1,5
4. Image : **B** — 1,5
5. **A** Visiter un village. — 1,0

■ Exercice 2

points 6,0

1. **A** une sortie scolaire. — 1,0
2. **C** 12 h. — 1,0
3. **A** De l'argent. — 1,0
4. Plan **A** — 2,0
5. **A** La direction. — 1,0

■ Exercice 3

points 6,0

1. **B** Le mercredi. — 1,0
2. **A** 1 heure. — 1,5
3. **B** 10. — 1,5
4. **C** Faire du théâtre. — 1,0
5. **C** Le soir. — 1,0

■ Exercice 4

points 7,0

1. **C** Les surveillants. — 1,0
2. **A** Salle R30. — 1,0
3. **B** L'après-midi. — 1,5
4. Image : **A** — 2,0
5. **A** 17 h 30. — 1,5

3 Production écrite

points
25,0

Grille d'évaluation: 15 points (Exercice 2)

Critères		Niveau de performance			
		Non répondu ou production insuffisante	En dessous du niveau ciblé	Au niveau ciblé A1	Au niveau ciblé A1+
Compétence pragmatique	Réalisation de la tâche	☐ 0	☐ 0,5	☐ 2	☐ 3
	Cohérence et cohésion	☐ 0	☐ 0,5	☐ 2	☐ 3
Compétence sociolinguistique	Adéquation sociolinguistique	☐ 0	☐ 0,5	☐ 2	☐ 3
Compétence linguistique	Lexique	☐ 0	☐ 0,5	☐ 2	☐ 3
	Morphosyntaxe	☐ 0	☐ 0,5	☐ 2	☐ 3
Anomalies exercice 2	Si la production contient des anomalies, veuillez cocher la ou les cases correspondantes : ☐ Hors-sujet thématique: le candidat ne peut pas être identifié « A1+ » pour les critères « réalisation de la tâche » et « lexique ». ☐ Hors-sujet discursif : le candidat ne peut être identifié ni « A1 » ni « A1+ » pour les critères « réalisation de la tâche » et « cohérence et cohésion ». ☐ Hors-sujet complet (thématique et discursif): attribuez la note de 0 aux critères « réalisation de la tâche», «cohérence et cohésion» et « adéquation sociolinguistique ». Le candidat ne peut être identifié ni « A1 » ni « A1+ » pour les critères « lexique » et « morphosyntaxe ». ☐ Copie blanche: attribuez 0 à l'ensemble des critères de cet exercice. ☐ Manque de matière évaluable: si le candidat produit moins de 50% du nombre de mots attendus (soit 19 mots ou moins), attribuez 0 à l'ensemble des critères de cet exercice				

Commentaires (facultatif)

Note ex. 1: ____ /10

Note ex. 2: ____ /15

Total: ____ /25

4 Production orale

points 25,0

Grille d'évaluation de la production orale

Critères		Niveau de performance			
		Non répondu ou production insuffisante	En dessous du niveau ciblé	Au niveau ciblé A1	Au niveau ciblé A1+
Compétence pragmatique et sociolinguistique	Réalisation de la tâche : entretien dirigé *(1 minute environ)*	☐ 0	☐ 1	☐ 2,5	☐ 4
	Réalisation de la tâche : échange d'informations *(2 minutes environ)*	☐ 0	☐ 1	☐ 2,5	☐ 4
	Réalisation de la tâche: dialogue simulé *(2 minutes environ)*	☐ 0	☐ 1	☐ 2,5	☐ 4
Compétence linguistique (pour les deux parties)	Lexique	☐ 0	☐ 1	☐ 2,5	☐ 5
	Morphosyntaxe	☐ 0	☐ 1	☐ 2,5	☐ 4
	Maîtrise du système phonologique	☐ 0	☐ 1	☐ 2,5	☐ 4
Sujets	Indiquez ici le numéro du sujet préparé par le candidat : Dialogue simulé: sujet n° …				

Commentaires (facultatif)

Petit lexique du DELF scolaire

l'aisance	die Leichtigkeit	la ponctuation	die Interpunktion
une annonce	eine Anzeige	la précision	die Genauigkeit
un barème	ein Bewertungsschlüssel	la préparation	die Vorbereitung
le candidat	der Prüfling	la présentation	die Darstellung
la capacité à …	die Fähigkeit zu …	la production	die Produktion
une case	ein Kästchen	un questionnaire	ein Fragebogen
la clarté	die Klarheit	une recommandation	eine Empfehlung
une colonne	eine Spalte	la rédaction	das Verfassen
une compétence	eine Kompetenz	une réponse	eine Antwort
la compréhension	das Verständnis	le respect de qc	das Beachten von etw.
la cohérence	die Kohärenz	le seuil de réussite	die Mindestpunktzahl
une consigne	eine Arbeitsanweisung	une situation	eine Situation
un contenu	ein Inhalt	un sujet	ein Thema
le correcteur	der Prüfer	un tableau	eine Tabelle
la correction	die Korrektheit	le tirage au sort	die Auslosung
un corrigé	eine Lösung	la transcription	die Niederschrift
le déroulement	der Verlauf	la vie quotidienne	der Alltag
un dialogue	ein Dialog		
un document	ein Dokument		
un document enregistré	ein Tondokument		
un document déclencheur	ein Gesprächs- auslöser	avoir trait à qc	sich auf etw. beziehen
la durée	die Dauer	aller ensemble	zusammenpassen
l'écoute	das Hören	bref / brève	kurz
l'écrit	die schriftliche Prüfung	citer	zitieren / nennen
l'écriture	die Schrift	cocher	ankreuzen
un enregistrement	eine Aufnahme	compléter	ergänzen
un entretien dirigé	ein gelenktes Gespräch	comporter qc	bestehen aus etw.
une épreuve	eine [Teil-]Prüfung	correspondre à qc	etw. entsprechen
l'évaluation	die Auswertung	décrire	beschreiben
un événement	ein Ereignis	dégager qc	etw. hervorheben
un examen	eine Prüfung	disposer de qc	über etw. verfügen
un examinateur	ein Prüfer	enregistrer	aufnehmen
un exercice en interaction	eine interaktive Übung	exprimer	ausdrücken
une expérience	eine Erfahrung	formuler	formulieren
une fiche	ein Zettel	imaginer	sich ausdenken
une grille d'évaluation	ein Evaluationsraster	justifier	begründen
une indication	ein Hinweis	marquer	markieren
une information	eine Information	mettre une croix	ankreuzen
l'intonation	die Betonung	observer	einhalten
un jugement	ein Urteil	obtenir	erhalten
une justification	eine Begründung	porter sur qc	sich auf etw. beziehen
un jeu de rôles	ein Rollenspiel	préciser	präzisieren
la maîtrise de …	das Beherrschen von …	rédiger	schreiben
un message	eine Nachricht	reformuler	neu formulieren
un monologue suivi	ein geführter Monolog	relever	aufschreiben
une opinion	eine Meinung	remplir	ausfüllen
l'oral	die mündliche Prüfung	requis(e)	verlangt
une pause	eine Pause	reprendre	aufgreifen
un point de vue	ein Standpunkt	respecter	einhalten
		souligner	unterstreichen

Entraînement à la compréhension orale – Solutions

Exercice 1

Document 1 9, 15, 21, 34, 49, 54, 65, 75, 80, 115

Document 2 Annonce 1 → voie 7
Annonce 2 → voie 12
Annonce 1 → voie 16

Document 3 A → 06 h 05, 06 h 50, 14 h 05, 14 h 54
B → 06 h 32, 16 h 57, 17 h 57

Document 4 1. → 5; 2. → 9; 3. → 12; 4. → 20;
5. → 4

Document 5 1. → 00 33 6 65 12 32 54
2. → 00 33 6 92 03 61 61
3. → 00 33 6 46 75 16 14
4. → 00 33 6 83 15 57 94

Document 6 1. Oh, mon cousin !; 2. À cinquante ans !; 3. Regarde, une pousse !;
4. Il va manger; 5. C'est mon ongle !;
6. Il prend un bain !; 7. C'est du poisson !; 8. C'est lent !; 9. N'oublie pas le gâteau !; 10. Le temps, est beau

Document 7 ☺ 1, 3, 6, 8, 9
☹ 2, 4, 5, 7, 10

Exercice 2

Document 1
Vous avez un nouveau message ! Appel du 02 62 88 75 32. Votre correspondant a essayé de vous joindre. Pour réécouter votre message, Appuyez sur la touche 1 de votre appareil. Pour l'effacer, faites le 3.

Document 2
1. Vous avez un nouveau message ! Appel du 01 64 57 17 23. [Bonjour Charlotte! C'est Maman. On sera à la maison vers 20 heures, papa et moi. Le train arrive à 19 heures 12. Attends-nous pour dîner! Bisous. Maman.]
2. Votre correspondant a laissé un message: [x] vrai
3. [x] maman 4. [x] en train 5. [x] À 19 h 12

Document 3
1. Message N° 2   2. Message N° 5
3. Message N° 1   4. Message N° 6
5. Message N° 4   6. Message N° 3

Entraînement à la compréhension des écrits – Solutions

Exercice 1

Document 1
1. Chère Madame, [x] Sylvie Bertaud 2. Cher Monsieur, [x] Henri Moulin 3. Bonjour, Monsieur! [x] à votre professeur 4. Salut, Christophe! [x] = Bonjour!/Au revoir!

Document 2
Situation 1: → Bild 1 „Papeterie"
Situation 2: → Bild 3 „Banque"

Document 3
1. Chère Madame, / Merci pour votre lettre du …
2. Paris. Le Président / a parlé hier à la télévision.
3. Ma chérie, / je rentre tard, ce soir …
4. Le magasin / est ouvert demain lundi …
5. À vendre vélo 18 vitesses / état presque neuf …

Document 4
1. Pour demain, / on a beaucoup de devoirs.
2. Dans mon collège, / il y a une salle de sport superbe !
3. Mes parents / font du vélo tous les dimanches.
4. Cet été, / on va en vacances à la mer.
5. Tu n'as pas envie / de te faire de l'argent de poche ?

Exercice 2

Document 1
1. → annonce 3; 2. → annonce 6;
3. → annonce 4 + 5; 4. → annonce 4

Document 2
1. [x] un e-mail 2. [x] C'est son anniversaire 3. [x] le 14 octobre 4. [x] manger et danser 5. [x] oui

Document 3
1. → A
2. → C
3. → C
4. → B
5. → C

Document 4
1. → C
2. → C
3. → B
4. → A
5. → B
6. → B

Entraînement à la production écrite – Solutions

Exercice 1

le nom → der Name; le prénom → der Vorname; l'adresse → die Adresse ; le code postal → die Postleitzahl; la ville → die Stadt; le pays → das Land; la nationalité → die Staatsangehörigkeit; le numéro de portable → die Handynummer; l'adresse e-mail → die E-Mail-Adresse; la durée du séjour → die Aufenthaltsdauer; l'établissement scolaire → die Schule; la langue maternelle → die Muttersprache; la date → das Datum; la signature → die Unterschrift

Exercice 2

Consigne n°1 – document C
Consigne n°2 – Document B
Consigne n°3 – Document A
Consigne n°4 – Document D

Exercice 3

Paris, le 15 mai 2014
Chère cousine,
Je suis en vacances à Paris, dans la famille de mon correspondant français. Il s'appelle Mehdi et il est très sympa. Tous les jours, je vais à l'école avec lui, au lycée Honoré de Balzac. J'ai déjà rencontré sa prof d'allemand, madame Mangin. Dimanche, nous allons visiter Radio France.

À bientôt !
Florian

Exercice 4

Solution individuelle

Exercice 5

Solution individuelle

Entraînement à la production orale – Solutions

Exercice 1

1 → k) ; 2 → g) ; 3 → i) ; 4 → a) ; 5 → c) ; 6 → h) ; 7 → e) ; 8 → d) ; 9 → f) ; 10 → b)

Exercice 2

1. Quand est-ce / De quelle heure à quelle heure est-ce que tu as cours le samedi ? ; 2. Qu'est-ce que tu fais l'après-midi ? ; 3. Avec qui ? ; 4. Tu y vas comment ? ; 5. Où est-ce qu'elle est, la piscine ? ; 6. Quand fais-tu tes devoirs ? ; 7. Pourquoi le dimanche soir ?

Exercice 3

S. Tandembogen